中国社会科学院
老年科研基金资助

⊙ 中国社会科学院老学者文库 ⊙

徐赳赳 著

语言学视野下的新媒体话语研究

中国社会科学出版社

图书在版编目（CIP）数据

语言学视野下的新媒体话语研究 / 徐赳赳著.
北京：中国社会科学出版社，2025. 2. --（中国社会科学院老学者文库）. -- ISBN 978-7-5227-4428-5

Ⅰ. G206. 2；H0

中国国家版本馆 CIP 数据核字第 2024F3F193 号

出 版 人　赵剑英
责任编辑　张　林
责任校对　季　静
责任印制　戴　宽

出　　版　中国社会科学出版社
社　　址　北京鼓楼西大街甲 158 号
邮　　编　100720
网　　址　http：//www. csspw. cn
发 行 部　010－84083685
门 市 部　010－84029450
经　　销　新华书店及其他书店

印　　刷　北京明恒达印务有限公司
装　　订　廊坊市广阳区广增装订厂
版　　次　2025 年 2 月第 1 版
印　　次　2025 年 2 月第 1 次印刷

开　　本　710×1000　1/16
印　　张　16. 25
插　　页　2
字　　数　260 千字
定　　价　89. 00 元

凡购买中国社会科学出版社图书，如有质量问题请与本社营销中心联系调换
电话：010－84083683

序

陈　平

徐赳赳教授的这部新著《语言学视野下的新媒体话语研究》，选题新颖，方法严谨，材料扎实，理论分析鞭辟入里。这样一部高质量的学术著作，应该会成为汉语语言学研究领域里的重要参考文献。

现代汉语口语和书面语已有上百年的研究传统，取得的研究成果卷帙浩繁。以手机短信、微信、微博等网文为代表的新媒体语言，历史不长，自21世纪开始以后才真正进入大家的研究视野。网文具有独特的属性。它们大都系作者即兴而为，从这点上看类似日常口语，与书刊信笺日记的文体和使用环境并不一样。另外，网文基本上用汉字写就，通过文字而不是语音形式在网络上传播，这又使它有别于日常口语，是与口语、书面语平行的第三种文体。显然，网文是一种新型文体，以前从来没有出现过，更没有人对它进行系统深入的研究。进入信息社会后，手机、网络等已成为日常生活不可或缺的部分。网文作为信息时代新媒体的特有文体，应用频率越来越高，应用范围越来越广，这将会对包括教育、传播、法律、语言规划乃至自然语言处理等一切与语言应用有关的领域带来许多值得重视的问题。徐赳赳教授的这部新著对网文的词汇、语法、话语篇章等方面的语言形式和使用特点，做了系统深入的分析，以专著的形式贡献出自己的研究成果，可谓开风气之先。

徐赳赳教授此前出版了好几部学术专著，包括《现代汉语篇章回指研究》《现代汉语篇章语言学》《现代汉语互文研究》等，在学界产生了广泛的影响。现在这本《语言学视野下的新媒体话语研究》延续了他的研究方法，展示了他标志性的研究特点。首先是重视理论的指导作用。作者对国内外相关论著十分熟悉，从中提炼出适合当前研究课题的理论概念和研究方法。同时极为重视客观语料的收集与分析。我们在徐教授的著作中见不到空对空的泛泛而谈，他提出的所有结论都是建立在对客观语料的收集、分析和解释的基础之上。无论是书中的理论分析还是客观语料，读者都可以放心参考使用。

我同时要强调指出，本书的原创成果，其理论价值超出了新媒体网文研究领域，对现代汉语语法尤其是句子的主语谓语属性研究也具有重要的参考意义。赵元任（1968）《中国话的文法》认为，“主语和谓语的关系可以是动作者和动作的关系。但在汉语里，这种句子（即使把被动的动作也算进去，把‘是’也算进去）的比例是不大的，也许比 50% 大不了多少（1968/1979：45）”。[①] 赵元任先生说的“比 50% 大不了多少”，我们不知道证据何在，从文中所用“也许”一词，只能认为该数字是基于个人印象的揣测。这不只是一个简单的数字问题，赵先生就是根据这个判断，接着提出后来为学界广泛重视的观点：“因此，在汉语里，把主语、谓语当作话题和说明来看待，较比合适。”（1968/1979：45）数十年来，我一直对“比 50% 大不了多少”心存疑虑，觉得不符合包括本人的语感和语言学文献报告的调查发现。现代汉语里，“她长辫子，杏仁眼，柳叶眉”“这棵树叶子大”“那场火，幸亏消防队来得早”等名词短语或主谓短语做谓语，的确是我们熟悉的欧洲语言中比较罕见的结构，因此这类句首名词短语又称作汉语式话题（Chinese-style topic），有别于话题一般是句中动词论元的英语式话题，如 That person we don’t know. 但是，汉语存在这样比较特殊的话题结构，并不能必然地推导出赵元任（1968/1979）的观点，即把汉语主语和谓语当做话题和说明较比合适，此处的关键是动作者和动作主谓句在汉语中的出现频率，如果非动作者和动作主谓句或称汉语式话题句在实际语言运用中只占极小比例，那就似乎没有理由撇开重要得多的动作者—动作关系，而将汉语主语谓语当作话题和说明看待，因为类似的语言现象在其他语言（包括与英语同类的欧洲语言）中也会出现，尤其是在日常非正式场合的口语中。徐赳赳教授这本

① 转引自赵元任《汉语口语语法》，吕叔湘译，商务印书馆 1979 年版。

著作收集和分析了现代汉语中的相关语料，为我们重新审视赵元任（1968/1979）的这个观点，提供了宝贵的客观证据。本书分别从网语、口语和书面语中各收集了近500句主谓句，分析了它们的主谓关系，结果如下：

类别（主谓句）	动形类谓语句（个）	汉语式话题句（个）
网语（454个）	449（98.9%）	5（1.1%）
口语（483个）	478（99.0%）	5（1.0%）
书面语（490个）	487（99.4%）	3（0.6%）

类别（动形类）	动词（个）	形容词（个）	是—为（个）
网语（449个）	355（79.1%）	66（14.7%）	28（6.2%）
口语（478个）	346（72.4%）	77（16.1%）	55（11.5%）
书面语（487个）	427（87.7%）	26（5.3%）	34（7.0%）

由上可见，现代汉语网语、口语和书面语中出现的主谓句组织结构有一个共同之处，即动形类谓语句的比例均占98%以上，而汉语式话题句仅占区区1%左右。因此，赵元任（1968/1979）“比50%大不了多少”这个印象式判断是站不住脚的，由该印象式判断推衍出来的有关汉语句子主谓属性的观点，在现代汉语中，无论是网语、口语还是书面语，均缺乏经验证据的支持。当然，上面的数据只是徐赳赳教授的个人统计所得，其他研究人员如果受此启发得出不同的结论，那也是正常现象。重要的是，从现在起，严肃的汉语语法研究者再也不会盲目相信“比50%大不了多少”这样的印象式判断，再也不应该不假思索地接受由这个主观判断推断出来的其他结论。从这个角度来看，徐赳赳教授本书基于实际语料得出的相关统计数据和分析，对汉语句子基本结构的定性问题以及汉语主语和话题研究，都具有重要的参考价值和理论意义，相信会在当代汉语语法研究文献中获得应有的地位。

我向所有从事现代汉语应用和理论研究的人推荐徐赳赳教授的这部新著。

目　　录

第一章

导　论

第一节　引言

语言是随人类社会的发展而产生的，因此，语言与社会总是紧密相连的。“语言不能脱离社会而存在，研究语言就不能不考虑赋予语言以生命并使其得以生存与发展的社会。”（郭松、田海龙，2011：74）社会的发展会影响语言的发展，社会对语言的影响是多方面的，比如说，一个社会剧变时期，可能会产生大量新词。还有科学技术的发展，也可能导致语言的变化，现在计算机科学的发展带来了新媒体的产生，新媒体中又孕育了网络语言的发展。苏金智（2016：18）认为，“21 世纪前后，经济的全球化和信息的全球化不断加速，并且一直影响着社会生活的变化，社会生活的变化给语言文字的使用带来了新变化，因此也直接或间接地影响了社会语言学学科的繁荣与发展。”

时代造就了新媒体，造就了网络语言，我们可以评论它、肯定它、批判它，而我们重要的任务是研究它。

第二节　新媒体话语

一　新媒体的定义

“新媒体”的概念是伴随着计算机、网络等高科技的发展而发展起来的。由于科学技术的不断发展，新媒体的种类、形式也在不断变化发展，因此当今社会对新媒体这一概念仍然没有统一的看法。吴东英等（2016：515）认为：

> 任何一种媒介/媒体在出现之初都可被称为“新媒体”。笔者区分传统媒体与新媒体的一个主要标准，是看媒体向公众提供的内容，是媒体运营方编辑提供的，还是不需要通过媒体单位这一环节而由媒体用户自身创造的。所有新媒体都依托互联网，但并不是所有依托网络的媒体都是新媒体，例如，媒体机构的官方网站就不属于本文所涉及的新媒体，因其虽具有客户留言、评论等一些互动功能，但主要的内容是由媒体机构提供，而非由普通用户自主创造。

新媒体是相对传统媒体来说的。对纸质媒体来说，广播、电视机、电影等就是“新媒体”。对广播、电视来说，现在快速发展的计算机、网络等就是“新媒体”了。将来也有可能有更新的媒体出现，取代现在的“新媒体”。

二　新媒体的特点

新媒体的特点很多，主要有两点，一是新媒体是高科技的结晶，人们接受程度高；二是新媒体的个体性。

（一）新媒体是高科技的结晶

新媒体具有传播速度快、信息容量大、多媒体化、全球化、开放性、交互性、及时性等特点，给人们带来的开放性、自由性、多样性、多变性等便利，这使新媒体的接受者和使用者日益增多。特别是近几年随着智能手机的出现，计算机所具有的部分功能，在智能手机中得以实现，特别是“无线、移动”两大特点，给人们带来了更为便捷的获取信息的方法。在这样的新环境下，人们的阅读习惯也在改变，越来越多的人通过新媒体获取新闻等信息、进行相互交流，可以说我们进入了新媒体时代。

（二）新媒体的个体性

新媒体中，“个体性”表现比较突出，伴随新媒体而出现的“自媒体”的概念就说明了这个特征。顾名思义，自媒体是跟“公共媒体”相对的，强调的是“个人”在媒体中所起的作用。下面是张挺、武超（2017）和刘向东（2015）对自媒体的看法：

> “自媒体”概念最先由美国专栏作家丹·吉尔摩（Dan Gillmor）提出，指的是以博客、播客、维客、新闻聚合、论坛、即时通讯等新媒体为载体的个人媒体的统称（Dan Gillmor，2004）。（张挺、武超，2017：51）

> 根据 Shayne Bowman 与 Chris Willis 两人联合撰写的自媒体研究报告，“自媒体是一个普通市民通过数字科技与全球知识体系相联，提供并分享他们真实看法、自身新闻的途径。”我国新闻传播学者喻国明将这种特征概括为“全民 DIY”：“简单来说，DIY 就是自己动手制作，没有专业的限制，想做就做，每个人都可以利用 DIY 做出一份表达自我的‘产品’来。”具体而言，自媒体类型包括博客、微博、个人日志、贴吧、论坛、QQ、SNS、手机媒体等民众可以自由发表言论的媒介，其中最有代表性的是美国的 Facebook 和 Twitter 以及中国的微博。（刘向东，2015：100）

新媒体和自媒体是一种什么关系？王仕民等（2017：11）认为，“所谓自媒体，就是指个体自己生产与提供信息，并与其他个体传播共享信息的一种新媒体。”叶捷思（2009：87）说，“诚如美国作家丹·吉尔莫（Dan Gillmore）所言：‘自媒体代表着“新闻媒体 3.0 版”，大众已从旧媒体（old media）时代、新媒体（new media）时代，一下子跨越到自媒体（we media）时代。’”

综上所述，可以把自媒体看作是新媒体的一种，“个体”的特点在新媒体中表现突出。

三 新媒体话语

由于新媒体生成和传播的媒介有所不同，这样带来的一个结果是，新媒介中语言的使用发生了变化，也就是说，新媒体的语言跟传统媒体的语言有所不同，我们这项研究证明，新媒体在词法、句法、篇章方面都有新的表现。

（一）新媒体新语言

新媒体造就了“新语言”，我们这里就是指人们所熟悉的“网络语言”，我们认为，造成新语言的原因应该很多，这里主要谈两种，新媒体和新作者。

1. 新媒体

我们认为，新媒体有新媒介，新媒介会影响语言使用和表达。吴东英等（2016：518）介绍了斯夸尔斯（Squires）2010 年提出的“媒介决定语言”的观点。

> 正如 Squires（2010）所说，关于新媒体语言特征的研究大多将网络语言视为一种网络环境下的特殊语言变体，这种视角背后的认识论是标准语言的正统地位和技术决定论，即“媒介决定语言”（Squires 2010：462）。有学者甚至研究了网络语言书写对标准语言的影响（Quan－Haase 2009）。国内学者的类似研究也同样是将网络语言看作一种“异类”或另类变体，与标准语言之间存在诸多“偏离”（赵雪、路越 2013）；汉语界的研究还指出网络语言的粗俗、暴力、不规范等现象，认为其容易引发伦理道德和语言规范方面的担忧（温远鹤 2001）。（吴东英等，2016：518）

传统媒体的媒介主要是报纸和电台，后来发展到电视。在这种媒介管理模式下，要求语言的表达符合“规范”，在层层的校对和修改下，这样的语言确实比较“规范”。新媒体利用数字技术、网络技术，通过互联网、宽带局域网、无线通信网、卫星等输送渠道，最后到达电脑、手机、数字电视机等终端向用户提供信息。这样，语言的传播形式变了，使得语言的表达形式也产生了变化：要求快捷和互动，个体性更为显现，“规范”就不处于第一的要求了。

2. 新作者

这里讲的作者指的是由于新媒体话语的出现，出现的“新作者”。以前可能当不了“作者、作家”的人，在新媒体的庇护下，成了“作者、作家”，现在“网络作家”这个词已经成为“常用词”了。

传统媒体的流程有严格的制度规定，需经过层层筛选最后才会发布。而作为新媒体的自媒体时代发布的技术门槛和准入条件降低很多，通常无须审批，摆脱了严格的规章制度约束，从理论上讲，任何人都可以随时将所见、所闻发布在微博、博客、论坛等上面，信息很快通过这些载体传播开来。这种网络作者所发表的作品跟传统媒体的发表的作品在语言上各有特点。李钧（2011：32）认为网络文学是一种全民文学模式：新媒体一个特征是无纸时代，电脑和网络构成的数字媒介，使文学进入“无纸时代”或“读屏时代”。人们的笔、墨、纸等传统书写工具被键盘、鼠标以及拼音、五笔、微软等输入软件取代。作品创作与传播获得了空前自由，人人都是作家，在过去的文化体制里，文学是属于专业作家、编辑、评论家们的事情，他们创作，发表，评论，津津有味，却不知不觉间离“普通人”越来越远。……现在我们有了这个网络，于是不必重复深更半夜爬格子、寄编辑、等回音、修改等复杂的工艺了。想到什么，打开电脑，输入，发送，就 OK 了。你甚至可以在几分钟之后看到读者给你的回应。作为一种传播载体，网络集合了以往各种电子媒介的优势，包容了所有形式的符号介质（声音、文字、图片、影像），构成了新的网络语言，甚至那些不会文字写作的人也可以在这里发出他的“声音”，让世人看到他的“图像”，以他的民谣或口述完成一部“电子文学”，传达他的观点与情感。网络打破了传统舆论监督体制的控制，让沉默的大多数人发出了自己的声音，因此我认为：网络文学是一种全民文学模式。

（二）新媒体话语的特点

由于新媒体、新媒介的出现，新作者出现，其话语出现了自己的新特点，口语和书面语的融合性，互文（intertextuality）阅读法是两个明显的特点。

1. 口语和书面语的融合性

徐赳赳（2010：163－164）发现网络语言，既有口语的特点也有书面语的特点：

这种新出现的语言交流方式的出现，也只有十几年的历史。网聊既有口语的特点，也有书面语的特点。网络语言主要是以文字和符号形式出现的，它具有书面语特征不难理解。那么网络语言的口语特征从何而来呢？一般来讲，口语，首先应当是“说”出来的，有声的，因而是有韵律特征的，而且需借助语境化标记（contextual-

> ization cues）方能完全理解；其次，口语未必严格遵守以书面语为主要规范的语法规则，表现为多语气词，停顿，多附加成分，而且句子较短。从我们收集到的网聊语料来看，以下几点可初步概括网聊用语口语特征的体现。
>
> 一、句式零乱，多不完整句或短语，有时不合构词法或语法规则；
>
> 二、较多使用语气词："报名了""报名喽"；
>
> 三、以问号、叹号等各种标点符号（及其组合形式）来传达的语气、韵律特征，比如，"你不知道?""平安夜大餐报名!"；
>
> 四、评介性附加语（如：呼告语）："快告诉我，快快快!""小强，加油啊"；
>
> 五、重复：口语中的重复可能有两种，一种是口误，另一种就是有目的的强调或催促："我真的真的真的不知道""快说快说快说""你速速报上名来"；同时也表现出明显的计算机自身所具有的高科技特点。关于网络语言（有时候也称为 netspeak 或 computer-mediated communication - CMC）的特点可参看于根元（2001），Crystal（2001），Yates（1996）等。

吴东英等（2016：517）也认为，网络语言是一种混杂语体，糅合书面语和口语体的特征，"看似凌乱的碎片化网络语言实际上又有其特定的结构性和系统性"：

> 以上研究大多都认为网络语言是一种混杂语体，糅合了书面语体与口语体的特征，因而指出网络语言以创造性（novelty）和杂合性（hybridity）为突出特征。但仅有少数学者对这种特征进行了解释，例如，Ong（1982）指出，随着社会进入电子时代，也意味着我们进入"第二口语时代"（secondary orality）。"第二口语时代"与"原始口语时代"（primary orality）相对而言，后者指在人类发明文字之前，交际主要通过口头方式完成，而电子时代的口语化则是人类已有了成熟的文字系统之后才出现的，因此称为"第二口语时代"。两个截然不同的口语时代却拥有重要的相似性，例如注重

当下语境、使用模式化语言等。Soffer（2012）将当今带有口语体特征的网络语言称为“数字口语”（digital orality），认为其产生与后现代既定社会结构（包括语言结构）的消解及人们对结构的反叛有关，而看似凌乱的碎片化网络语言实际上又有其特定的结构性和系统性。

2. 互文阅读法

互文阅读法（interxtual reading）是一种有别于传统的阅读法，可称为非线性阅读法，新媒体、新媒介的发展，促进了互文阅读法的出现（徐赳赳，2018）。从传统的纸质媒体看，文字的排列是以线性为顺序的，阅读一般也是按线性阅读的。而现在的新媒体在有些方面打破了这种顺序。金振邦（2005：123）把这种新媒体话语的表达称作“故事叙述的非线性”，非线性就可以理解为故事叙述的层次性：

> 故事叙述的非线性。传统文学作品的情节叙述本质上是线性的。它不仅指作品情节的发展有着明确的先后次序，而且还包括某些时空颠倒的情节，甚至没有时空顺序的意识流片段。不管属于哪种情况，这类作品印刷在报刊或书籍上之后，其情节叙述的顺序是固化的，人们在阅读时只能按固定顺序一页页读下去。而网络文学中的情节叙述，是一种非线性的、待组合形态，它采用网状结构组织块状信息，没有固定顺序，就像是一个全息、多维、重叠的多维时空。读者可根据自己的文化背景、审美情趣、知识结构、功利目的，对情节进行独特的重新组合。读者能随意从电子文本的一点跳到另一点，从而打破了线性叙事的神圣规律。

从互文的角度看，这种非线性阅读法可以看作是“互文阅读法”。互文理论是法国学者克里斯蒂娃（Kristiva）在20世纪60年代提出来的，后来经过巴特尔（Bater）、里法特雷（Lefevere）和福科（Fiske）等众多学者的发展，互文理论的内容更为丰富，影响日益扩大。互文理论的核心要点是：任何话语篇章都是在前人的话语篇章的基础上形成的，对任何话语和篇章的理解都应该跟有关的篇章建立联系，这样才能真正理解该篇章（徐赳赳，2018）。

从传统媒体来看，要获取跟某个篇章（主篇章）有关的内容（客篇章）并非一件容易的事，也就是说，阅读传统的纸质文章时，对主篇章中提到的很多客篇章的内容，很难当时找到、当时阅读。而新媒体提供了这种以前想都不敢想的便利：一是读者可能通过搜索引擎快速找到相关的内容；二是有时作者给读者提供很多通向客篇章的链接，如有的文章可以当时链接的文字，用其他颜色标出，只要光标一点，其他篇章的内容就出现了，然后光标一点，又可回到原来阅读的文章。这就是“网络互文阅读法”给我们提供的便利。互文阅读法给我们掌握该篇章的要点重点，提供了传统媒体没法提供的便捷。

互文阅读法，我们也可称为层次阅读法、立体阅读法，或非线性阅读法。

第三节 本研究语料

话语分析或会话分析需要语料，研究的结论是来自语料。话语篇章研究的语料是实际使用的语言，收集一定量的语料，在以前并不是一件容易的事。陈平（2015：21）认为，语料的收集和整理不是一件容易的事：

> 语料的收集和整理是一件费时费力的工作。我 1978 年考入中国社会科学院语言研究所读研究生，第一天导师和学生集体见面会开完后，二十余位新录取的研究生排队步入语言所后勤库房，每人领两个大卡片盒，里面装满空白卡片。语言所各个办公室、走廊过道以及导师家中，到处可见满箱满柜的卡片，我自己在那些年里也做了上万张卡片，所花费的巨大时间精力可想而知。同几十年前相比，大型语料库的出现为语言研究提供了无与伦比的利器，以前得花上多年工夫才能搜齐的材料，现在也许就是几个小时的事情。例如，杜甫说“晚节渐于诗律细”，要研究是否真的如此，要是少时粗率，老来精细，那是怎么个细法，要回答这些问题，得将他晚年的作品和早年的作品在平仄用韵等方面进行穷尽式比对才行。以前这类材

料都得手工收集，现在有了语料库，大家省力多了。看到大型语料库给语言研究工作带来便利的同时，对它的局限性也要有清醒的认识。如何保证所用语料内部的一致性，是我们得时时注意的问题。这个问题我在第一讲时谈过，对于利用大型语料库进行语言研究尤其是语法研究的人来说，这个问题尤其值得重视。

相对书面语料的收集，面对面的会话的收集就更加困难，在没有录音机前，大量的会话在短时间内无法记全。有了录音机后，会话的转写，也不是一件轻松的活。本研究的语料是网络聊天，相对自然口语的会话语料，方便多了。借助计算机的便利，本项研究收集的网络聊天的语料如下：

表1-1　　本研究语料表

语料	详细语料（万）（不记空格）	纯会话（万）（不记空格）	话轮（个）
语料1	144	43	35892
语料2	103	27	27221
语料3	381	95	98213
语料4	170	85	68412
语料5	60	24	12631
语料6	15	4	3549
总计	873	278	245918

表中的“详细语料”指的是，某个话轮的完整的信息，见下面例子：

（1）	千里xx，月光xx （5440914xx） 16：20：36 我一般都会回复，只是比较晚

例（1）有四个方面的信息：“网名、QQ 号、上传文字时间、具体内容”。例（1）中的 xx 是我们打上去的，为了保护说话人的隐私权。

表 1－1 中的“纯会话”指的就是例（1）中“具体内容”。

通过对语料的初步分析，发现这六个语料中网聊的一些特点：

（1）这六个语料来自六个不同的网聊群。

（2）从网聊的人员来看。大多是我们传统意义上的“陌生人”。随着网聊时间的增多，有一部分人可以称为“熟悉的陌生人”，这是因为每个网聊者有网名，可以把这个网聊者跟其他网聊者区分开来。重要的是随着网聊者的增多，其他网聊者感受到某个网聊者的某些特点，从而“认识”该网聊者，这就是“熟悉”的意思。“陌生”指的是并未见过面，甚至连此人的性别、职业、年龄、工作地点等都没有完全了解，具有传统意义上的“陌生”性质。

（3）从参与网聊的积极度来看，网聊者中有一批是“常客”，参与聊天的频率很高，大多是偶然“冒个泡”，有的是长期“潜水”。

（4）从网聊的内容看，谈话的内容跟某个群的主题基本一致。有时也会谈些跟这个群的不同主题，但是不多。

实际上，用于本项研究的语料可以看作是一个小型语料库，收集时间是 2014 年前后。语料库指经科学取样和加工的电子文本库，其中存放的是在语言的实际使用中真实出现过的语言材料。本项研究的语料库有以下特点：自制的语料库，所收集的语料是网聊中实际使用语言材料，是没有经过任何加工的原始材料。

在本项研究中，基本数据都来自这个语料库，有时根据需要，如对比研究等，需采用别的语料，我们会加以说明。

第四节 结语

陈序（2014：XXXVIII）认为：“什么是新媒体？一开始，答案很长。朋友们可能还记得，我如何滔滔不绝地说上一两个小时。随着越来越多的新媒体形式走上舞台，答案像剥洋葱般，越来越短。但没想到，最后的答案只有一句话。”这句话就是“没有主编的媒体是新媒体”，或者说“主编‘死’了”。解读这句话的意思是，新媒体无须主编，网络语言就是新媒体的一种，网络语言没有主编。没有主编的语言可以看成是“原生态语言”，这种语言正是本项研究关注的对象。

本章介绍了新媒体导致新话语出现，而新媒体话语最明显的特点是口语和书面语的融合，可以采用便捷的互文阅读法。

第 二 章

方法论和研究方法

第一节 引言

本项研究是从话语篇章的角度来研究网聊话语，涉及话语分析、会话分析等理论和方法。本章简要讨论跟本项研究直接相关的话语分析的方法论（methodology）和研究方法（method）。

“方法论”和“研究方法”是既有联系又有区别的两个概念。在语言研究中厘清两者的联系和区别，有助于我们更科学地选择恰当的方法论和相应的研究方法，准确定位自己的研究。本章将对两者的联系和区别进行梳理，阐述话语研究方法论的基础定位和四个维度，讨论会话分析、话语分析和批评话语分析这三种话语研究的认识论和研究方法，最后介绍话语研究方法的程序（毛浩然、徐赳赳、娄开阳，2018）。

第二节 方法论

本节主要讨论三个方面的内容：对方法论这一概念的看法，回顾方法论的历史演变，介绍话语研究的方法论。

一 方法论的概念

麦格雷戈（McGregor）和默南（Murnane）（2010：419－427）认为，方法论指任何自然的、社会的或人类的科学研究的理论基础和哲学假设，是普遍适用于具体学科的范畴、原则、理论、方法和手段的总和。方法论塑造了整个知识体系的多样性，解决的是新知识产生的普遍原理或公理问题。方法论可分为三个层次：哲学方法论、一般科学方法论、具体科学方法论。哲学方法论指认识世界、改造世界、探索实现主观世界与客观世界相一致的最普遍、最根本的方法理论，是各门科学方法论的概括和总结。一般科学方法论指研究各门具体学科，带有一定的普遍意义，适用于众多领域的方法理论。具体科学方法论指研究某一具体学科，涉及某一具体领域的方法理论。

二　方法论的历史演变

纵观西方哲学方法论的发展历程，大致经历三个阶段：经验主义、实证主义、诠释主义（interpretivism）。

（一）经验主义

经验主义是逻辑实证主义的前身，认为知识起源于感觉，理论应建立于对事物的观察之上而非直觉或迷信。经验主义反对理性主义主张的“知识从理智中来”的唯理性论。经验主义先驱与代表人物有弗朗西斯·培根（Francis Bacon）、约翰·洛克（John Locke）、乔治·柏克利（George Berkeley）和大卫·休谟（David Hume）等，其中培根被誉为经验主义之父。培根（1902［1620］）提出科学知识基于归纳性推理以及对事物的仔细观察。人类在自然进程中观察和思考的深度决定了其理解自然并付诸实践的程度。培根主张用质疑的、系统的方法获取知识，避免自我误导，此方法被称作“培根法”。

（二）实证主义

奥古斯特·孔德（Auguste Comte）在19世纪中叶创立了实证主义，摒弃了形而上学基于抽象范畴与概念去理解世界的方法，认为人的知识多囿于其可直接观察的范围之内。孔德（2009［1848］：34－35）认为人类对事物的思考经历了三个阶段：神学（theology）阶段、玄学（metaphysics）阶段与实证阶段。他坚持认为知识仅源于经验，一切科学知识都须建立在观察和实验所得的事实基础之上，并提出了观测—归纳的方法论。实证主义的方法论推动着哲学学科以及整个人文和社会科学的进步。但是对它的质疑与批评也日益激烈，主要针对以下问题：直接体验是不是科学知识来源的坚实基础？科学研究是否只关注可观察的现象，而排除抽象与假设？如何区分观察的语言与理论的语言？理论的概念与可观

察的事实之间是否存在一一对应关系？（Blaikie，2007：183）

库恩（Kuhn）（1996［1962］）对逻辑实证主义的批判则是从更宏大的角度展开的，他认为个体理论甚至整个世界观都会时而伴随证据的变化而变化。科学不是通过已有事实与理论的积累而得以发展的。因此，他提出了周期性的模式，依靠科学革命催生新的研究范式。

（三）诠释主义

诠释主义是对实证主义的定量分析法与质性分析法的碰撞、批判、求同与修正的结果。诠释主义的不少观点起源于德国，前身为社会科学学术流派阐释学（hermeneutics）以及现象学（phenomenology）。作为传统实证主义的批评者，诠释主义反对将自然科学中的中立式观测、通用法则应用于社会科学研究。诠释主义主张人类对世界的体验，并非是对外界物质世界的被动感知与接受，而是主动的认识与解释。在诠释主义看来，现实世界是人类对于不同行为与状况解释的产物，即现实世界的真相是由人的思想主观构建出来的，而不是客观且唯一的。

诠释主义认为社会科学的研究方法应与自然科学不同，坚持社会科学研究者要认识到，人们的概念、想法、语言决定他们对社会世界（social world）的看法。诠释社会科学最早的代表人物有威廉·狄尔泰（Wilhem Dilthey）与马克思·韦伯（Max Weber）。狄尔泰（1972［1883］）坚持自然科学与社会科学之间的田畦，即：哲学的核心问题是生命，它关注的是人的体验与理解。韦伯（1991［1922］：7）指出社会科学是要研究有意义的社会行动，并且提供行动与它引起的影响之间的因果解释。显然，这一方法论强调的是对社会行动的解释、理解和认识，对话语分析产生了重要的影响。

三　话语分析的方法论

（一）话语分析方法论的哲学基础

话语分析始于20世纪70年代末期，很多学者认为，它的出现是当时学界对诠释学的哲学讨论、结构主义发展以及人文社会学科新范式兴起的必然结果（van Dijk，1985；Bondarouk and Ruel，2004）。而诠释主义为话语分析的方法论提供了最直接的哲学基础。在诠释主义看来，解释是无止境的，或者是开放的。解释是在解释者的经验、知识、时空、文化和历史框架内赋予篇章（话语）一个意义。诠释主义认为，解释者（分析者）会从社会事件（话语）中获得意义，解释者在篇章（社会事件）与之前人们建立的各种解释、历史、背景和不同人对事件意义的描述之间建立联系。对社会现实的陈述成为连接这个社会现实和陈述者之间的桥梁，要理解这些陈述，自然离不开陈述产生的情境和环境（Bondarouk and Ruel，2004）。

（二）话语分析方法论的焦点

话语分析的语言观源于诠释主义的语言观，即语言是指向行动和功能的媒介，人们有意识地使用语言来建构对社会世界的描述或看法（Elliot，1996）。

哈迪（Hardy）（2001）认为，话语是一个篇章系统，通过这样一个体现，将客体（研究对象）具体体现出来了。因此，话语分析者的目标就是要解释话语与现实之间的关系，解释隐藏的意义，把过去与现在之间联系起来。篇章存储了复杂的社会意义，而意义的建构发生在一个特定的历史情境中，包含了个体的话语生产者及其周围的社会环境。要理解话语，就要理解话语产生的语境（van Dijk，1997；Titscher，et al.，2000）。在研究中，语境可以分成四类：微观话语（对语言的具体研究）、中观话语（仍然是语言研究，但视角更加广泛）、宏观话语（研究话语系统，例如文化）、宏大话语（例如全球化现象）（Alvesson and Karreman，2000）。

伽达默尔（Gadamer）（1975：165，274）认为：话语分析中需要关注“理解”这个概念，同时还要关注解释者所处的语境和社会环境，“篇章的理解必须以解释者目前的处境为依据”。解释者就是过去意义与现在意义之间的中介。当解释者与话语面对面时，理解也是一个事件，其本身也是历史上的一个事件。解释不是一个偶发的、附着在理解行为之上的附加行为，相反，理解就是一个解释。因此，解释是理解的外显形式。正是人们的想法进入一个事件的传递过程，才将过去与现在不断联系起来。

解释话语、篇章和语境之间的互动交织关系成为话语分析的焦点。因此，话语分析不能简单地关注某个个体篇章，必须关注具体的篇章系统。同样地，还要研究篇章分析时的语境和话语产生的语境。

第三节 研究方法

巴克斯特（Baxter）（2010）介绍了四种话语篇章的研究方法：会话分析（Conversation Analysis，CA）、话语分析（Discourse Analysis，DA）、批评话语分析（Critical Discourse Analysis，CDA）、女权主义后结构主义的话语分析（Feminist Post-structuralist Discourse Analysis，FPDA）。巴克斯特讨论了这四种研究方法的理论背景、基本原理、特点等。FPDA 的使用频率不高，因此本项研究集中讨论前三种研究方法。

一 会话分析

（一）会话分析的特点

这里主要讨论会话到底是什么？有什么特点？

会话分析是研究各种日常的会话。会话研究者强调两种看法：（1）"交际中的谈话"提供了语言是如何工作的规则；（2）现实世界就是一个会话世界，日常的会话构建了社会的现实。现在越来越多的语言学家认识到，社会活动大多是通过语言来进行的，如日常交往中的会议、约会、签订协议、宴会、商务谈判都离不开谈话。会话分析关注的是日常会话是如何建构社会现实的。

巴克斯特（2010：121－123）认为，会话研究十分重视交际中的谈话秩序。"交际中的谈话秩序"指日常谈话是有一定秩序的，这体现了一种高层次的规则。谈话的秩序反映了人际交往的社会组织结构。这种"言语交换系统"反映了话语转换的模式，明显具有口语的特征。例（1）是多人的对话：

(1)	1. Henry：Y'want a piece of candy?
	2. Irene：No.
	3. Zelda：She's not on a diet =
	4. Debby：= who's not on [a diet

续表

	5. Irene：[I'm on-I'm on a diet
	[1. Henry：要糖吗？ 2. Irene：不要 3. Zelda：她没节食 = 4. Debby：=谁没有 [节食 5. Irene：[我在—我在节食]

尽管这段小对话看起来有些无序杂乱，但是第 1—2 行的"问—答"第 3—4 行和 4—5 行的"陈述—提问"这些"毗邻对"（adjacency pairs）使得该对话具有了"秩序"。每个毗邻对中的第二个部分成为第一部分的另一部分，这样就形成了话语和话语之间的"链"。即第二行的回答成为第三行发话人 Zelda 的发话基础，以此类推。

巴克斯特（2010：122）还举了赫里蒂奇（Heritage）和格雷特巴奇（Greatbatch）（1991）研究毗邻对的一个例子，认为毗邻对确实能从一个侧面展现会话中"秩序"的重要性。赫里蒂奇和格雷特巴奇（1991）研究的是新闻访谈，这种访谈会话的最大特点就是你一句我一句的话轮交替模式。如采访者先说引语，陈述一件事，然后提问，接着被访者回答采访者的问题，这种会话模式是通过毗邻对的形式表现出来的。他们的重点放在毗邻对是如何在有序的相互交流的系统中起作用的。如例（2）：

（2）	Interviewer：hhh the (.) price being asked for these letters is (.) three thousand pou：：ds (.) are you going to raise it (0. 5) Interviewee：at themoment it … (continues) (Heritage and Greatbatch，1991：99) [访谈者：hhh，这些信的价格是（. ）三 千：：（. ）磅，你准备加价吗（0. 5） 被访者：现在这……（继续）]

这个例子说明，会话的参与者有义务遵循提问—回答的方式进行谈话，这种谈话方式是访谈双方都需遵循的。

这里讲的"秩序"涉及如下三点：话轮和毗邻对是秩序的表现形式，

秩序有正式和非正式两种不同表现，次序是通过基本原则来规范的。

1. 话轮和毗邻对是秩序的表现形式

大部分会话分析者认识到，话轮为谈话的有序结构提供了基本的框架，这种有序排列的谈话方法是相互交流的基础。这种交流主要是通过毗邻对结构或是陈述—回答结构进行的。也就是说，如果第一个句子是问句，那么第二个句子通常是回答。

2. 秩序有正式和非正式的不同表现

众所周知，会话有顺序和轮换的特点。德鲁（Drew）和赫里蒂奇（1992）强调的是，秩序有正式（如新闻采访）和不正式（随意聊天）之分，两者表现不同，在结构上也有差别。比如，正式的讨论，话语顺序比较严格，讲话的顺序轮换也非常有限，有时是事先安排好的。非正式的对话，结构就比较松散。

3. 会话秩序是通过基本原则来规范的

互动性谈话模式是需要遵循一些基本原则的。通过研究和认识轮流说话规则，我们可以了解人们在什么情况下会遵循会话秩序，什么情况下会违背这些规则。这样，我们就可以作出预判。这种预判就成为会话分析的系统化、格式化分析形式。

会话研究对语言学的贡献在于，它提出了互动式谈话是有章可循的，我们可以通过对轮流谈话规则的了解，以及对这些规则经常被破坏情况的研究，对参与者如何建构会话方式进行理性的推测。

（二）会话分析研究方法

会话分析的研究方法主要是语料为中心的研究方法，同时它特别强调中立客观的研究立场。

1. 语料为中心的研究方法

“语料为中心的研究方法”是会话分析常采用的方法，指的是会话分析经常采用声频和视频材料进行研究。通过转写，会话分析者可以研究谈话是如何在特殊的社会场景中组织起来的。会话分析非常关注原始语料及语料中所透露的信息。卡梅伦（Cameron）（2001：89）提出了用会话分析的微观分析法来分析口语，他把口语看作是“把一片雪花放到显微镜下，以研究其各种复杂现象和各种细节”。

为了强调微观分析的质量，杰弗逊（Jefferson，1984）采用一种细致的转写系统，借助转写系统，研究者可通过对词汇、韵律和副语言等各种特征的研究而获得意义。

2. 中性客观的研究立场

中性客观的研究立场，指的是研究者在研究过程中，需要保持客观的、价值中立的立场和态度。分析者需切记，为了让语料“说自己的话”，分析语料时不要涉及太多的理论和哲学假设。任何仅凭推测得出有关说话者的导向、动机、身份等的观点，都是与这个原则背道而驰的。语料外部的因素，如性别的不平等、文化的理解等，对在转写语料中的说话者来说，都是有关系的。分析者在对语料进行评论和解释时，都要考虑这些外部因素。

哈默斯利（Hammersley，2003）提到会话分析的方法时强调，如果记录这些社会现象建构过程（会话过程）的方法是科学的，那么记录本身是可信的。因此对于会话研究者来讲，所有的数据都必须呈现在研究报告中，分析也必须依据数据中呈现的证据来进行。如果这些条件无法满足，那么得出的结论就不是科学分析的结果，会令人质疑。也就是说，要强调的是科学的方法如何运用的问题，数据理性化、方法合理化，结果才具备科学性，否则，就会陷入方法论的怪圈。

二　话语分析

（一）话语分析的特点

巴克斯特（2010）认为可以把“话语分析”看成一种分析工具。话语分析强调话语的可变性和对情境的依赖性。研究的对象是各种话语：正式的学术论文、新闻报道、媒体访谈、政治辩论中记者和政治家之间的叙述等。

巴克斯特（2010）还认为，话语分析和会话分析一样，都起源于社会学。他介绍了社会学家吉尔伯特（Gilbert）和马尔凯（Mulkay）（1984）做的一项话语研究，虽然这是一项社会学的研究，但对语言学界的话语研究者有很大启发。这项研究的语料是生物化学领域的辩论话语，目的是要发现科学家话语中的系统性特征。他们发现，科学家之间的辩论，用论文来辩论和口语辩论是很不一样的，也就是说，科学家在正式学术期刊中使用的话语，与非正式访谈中的话语是不同的。学术期刊的话语是通过“实证主义的指令系统”建构的，使用的是正式语言和术语，并有索引，严格执行科学程序，其目的就是要解释某个客观的现实；而口语的辩论则是通过“偶发性指令系统”建构的，语调很不正式，有很多传记式的细节描述、个人评论和情感表达。从这项研究中，两位社会学家发现，特定的语言运用都是用来建构不同版本的现实而存在的。

巴克斯特（2010）提出了话语分析的三个重要特征：可变性原则、语言的已建构和再建构的本质、指令性系统。

1. 可变性原则

为了满足不同的需要，语言运用具有多样性和可变性。同样的现象（例如科学试验）根据听众、目标和情境的不同，可以采用多种方法进行描述，这就体现了叙述上的多变性。

2. 语言的已建构和再建构的本质

吉尔伯特和马尔凯（1984：7）认为，“话语绝对不能被看成是对社会行动的简单描述，无论话语穿上了怎样的制服。”相反，任何对经验的描述都是一种形式上的再现，这种描述是一种现实的、新的版本。因此，访谈语料中所出现的话语——描写、叙述、观点、评论和笑话等，都是根据不同的情境而建构出来的话语，以满足说话者想要表达的思想。语言使用中所表现出来的建构性（包括已建构和再建构）和灵活性都是话语研究者应该关注的研究主题。

3. 指令性系统

“指令性系统”指的是一套循环使用的术语系统，用来反映事件、行动和其他现象的特点，并进行评价。指令性系统常常通过一个明确的词汇表，具有各自体裁和各种语法特点，表现出话语、惯用语和隐喻等各种特点。

总之，话语分析继承的是诠释主义的传统，他们认为世界是建构的，很难进行预测和复制。受到个体特征的影响、塑造和制约，不同的人会对自己的生活有不同的建构和解释，不能用同一个标准和模式来看待复杂的社会现实。因此，语言学数据的分析必须是中立的，对数据的解释也可能是单一的。

（二）话语分析研究方法

哈默斯利（2003）提出话语分析的三种研究方法：微观和宏观综合

法、质性和定量结合法、话语分析和结构主义分离法。

1. 微观和宏观综合法

微观和宏观研究方法综合起来使用，可以在话语分析中起到解释性的作用。这种概念性工具，或者说解释性或语言学的指令系统，既可以发现语料中的一般性特点（例如短语、隐喻、修辞和专业术语，这些都能显示话语使用的重要模式）；同时，这种综合法又能使研究者捕捉到说话者特定的心理、社会或政治等因素。会话分析和话语分析在程序上有所不同：会话分析更多的是定量研究，研究程序比较严格；话语分析多用质性研究，研究程序比较自由。

2. 质性和定量结合法

会话分析和话语分析研究的价值是毫无疑问的，它们的方法论和哲学层面的讨论也是非常有意义的。会话分析和话语分析方法还应该引入质性研究和定量研究方法，根据研究需要，有时还应该将这两种方法结合起来使用。之所以要将质性研究和定量研究方法结合使用，是因为碎片化地运用某一种或某一类研究方法，会影响研究结果的信度和效度。同时，每个研究方法都有自己的长处和不足，结合使用能够发挥各自优势，取长补短，提高研究的科学性和系统性。会话研究和话语分析要创新，在研究方法上的整合，就是非常可行的一个方向。

3. 话语分析和结构主义分离法

会话分析应该与民族方法学相分离，话语分析应该跟结构主义相分离。虽然民族方法学和结构主义这两种方法在会话分析和话语分析中有可用之处，给我们很多启示，但是它们偏离了追寻建构人类社会生活的社会力量和机构的一般性知识的轨道。民族方法学和结构主义的不足之处是，一方面坚持自己尊重研究对象的导向，而不是要从科学家的角度来判断它们的导向；但另一方面，都否定人类经验具有普遍性特征。会话分析和话语分析虽然不能全面反映我们社会生活的全部，但是，对人类生活建构过程的分析价值不容小觑，故研究方法应有所取舍。

三　批评话语分析

（一）批评话语分析的特点

巴克斯特（2010）认为，批评话语分析是在20世纪90年代发展起来的，作为一种新视角，深受那些认为社会不平等的学者欢迎，这些学者来自文学、政治学、传播学、类型学和信息技术等不同的领域。它关注的是在个人话语中，作者如何通过语言发挥意识形态的作用。批评话语分析内部也有不同的分支：法国批评话语分析重点研究话语形成的意识形态后果，以及如何界定人们作为社会主体的地位；社会符号学发现了分析多模态篇章和阅读、解释实践中出现的各种方法；社会认知研究关注不平等在话语和媒体沟通中是如何再生产的，例如种族歧视、民族偏见等，把认知与更加广泛的社会过程结合起来了；话语—历史方法聚焦系统地分析和揭示口语和书面语篇章的各个层面并整合各种背景信息。

批评话语分析者有的重视具有微观特点的社会符号学，有的重视宏观语言学，有的重视将这两者综合起来的方法。韩礼德（Halliday，1974）强调，语言应该满足语法系统和社会个人需要之间的关系，满足的手段就是要借助语言互相依存的三种元功能：概念功能、人际功能、话语功能。这种观点把语言学家、话语和语境等互相联系在一起，形成了辩证的关系。

批评话语分析的研究对象包括书面语和口语。与会话分析不同的是，批评话语分析大多用宏观分析的世界观，从广义的角度来理解话语，认为话语就是社会和意识形态实践。因此，批评话语分析研究主要考察语言如何在机构性和政治性话语（如教育、组织、媒体和政府），以及特定的话语（如不同性别和不同阶级）中如何发挥作用，以此来揭示社会关系中公开的和隐含的不平等。

有人认为批评话语分析只是话语分析的一个从属学科，只是一种方法论意义上的方法。但批评话语分析者不认可这个观点，而是认为自己具有“批判性”视角或一种程序。学者们可以将它与其他的方法并用，特别适用于那些在不同领域开展与语言学和其他社会科学相关的研究。

批评话语分析对语言学的贡献众说纷纭，其优势是对研究者研究机构话语非常有价值。不同的理论家提出了不同的分析模式和分析工具来解构公共话语和媒体话语。对那些接受了诠释主义和社会建构原则的学者来讲，批评话语分析是非常有意义的，因为它能够坚持原则，将意识形态的责任与追求一个严格的、可复制的、可检验的研究方法完美结合。

但论及其不足之处，有的语言学家认为批评话语分析的方法、方法论和分析视角模糊不清，以及批评话语分析很可能假借批评分析之名对话语进行带有偏见的解释。对于那些把研究主体当成是实证主义研究对象的语言学家来讲，批评话语分析在“代表性、选择性、成见、偏见和声音”方面都有很多质疑之声。

批评话语分析的理论要点如下：

1. 语言是社会实践

不管是口语还是书面语都是一种社会实践。在某个特定的话语事件和情境、机构和社会结构之间存在着辩证关系，而所有这些关系又制约和塑造了话语事件。因此，在这种语言和社会的双向关系中，话语就成为一种社会性构成，同时也深受社会塑造的影响。

2. 语言与权力之间的关系

由于话语影响深远，因此，它们可以再现不同人群、不同社会阶级、性别、年龄和职业群体间不平等的权力关系以及话语的操控与反操控的博弈。

3. 聚焦社会问题和受压迫群体

批评话语分析重点在批评，指的是批评话语分析是有态度的。批评话语分析立足于考察社会问题，选择最受压迫者的角度，批判性地分析哪些是有权者，哪些是要对此负责的人，有哪些办法和机会来帮助需要帮助的人。

4. 篇章和语境

批评话语分析建立在扎实的语言学基础之上，它重在分析话语的特点，例如，句子结构、动词时态、句法、词汇选择、话语的内部一致性和内聚性等。当然，它首先将这样的微观分析放在一个“批判视角”中，然后放在话语“制造”和“使用”的语境框架中分析。在实践中，这就意味着分析者需要考虑历史和文化过程或结构如何促成了话语的产生，在这些过程或结构中，主体是如何“使用”或与话语互动的。

5. 自我反思性

批评话语分析致力于“解放性”目的，但也要自我反思，自我反思会起到自我矫正的作用。对于话语分析者来讲，需要对自己进行语言研究的假设、动机和价值系统进行自我指引。马克思主义批判理论常常会提供一些价值系统，给分析者一个对社会现实的客观认识。

6. 互文

互文的特点是某个话语中会嵌入其他话语的成分，也就是某个篇章会带来若干个前篇章的痕迹，给读者带来了历史的语境。乔利阿拉基（Chouliaraki）和费尔克拉夫（Fairclough，1999：136）例析了一个女性主义政治话语案例，“将马克思主义和后解构主义话语内在化，将他们的一些概念综合起来，甚至还将这些概念调整到与自己的逻辑一致”。费尔克拉夫（2001：127）举的例子是关于皇家婚礼的杂志文章，它预设读者了解有关参与者、情境性语境的知识和隐含的权力关系（皇家成员的地位高于读者）。

7. 解构

批评话语分析关注的是要解构话语和篇章中的二元权力关系如何建构身份认同、主体地位和互动，以及由此而产生的社会不平等。沃达克（Wodak）和奇尔顿（Chilton，2005）用结构的方法对欧洲议会议员的访谈进行解构性分析，以探明性别主流化政策是否在平衡性别角色中真正带来结构性改变。

（二）批评话语分析研究方法

费尔克拉夫（转引自 Jogensen and Phillips，2002：68）提出了一个批评话语分析的研究模式，主要包含三个层面：话语、话语实践和社会实践。如图 2－1 所示：

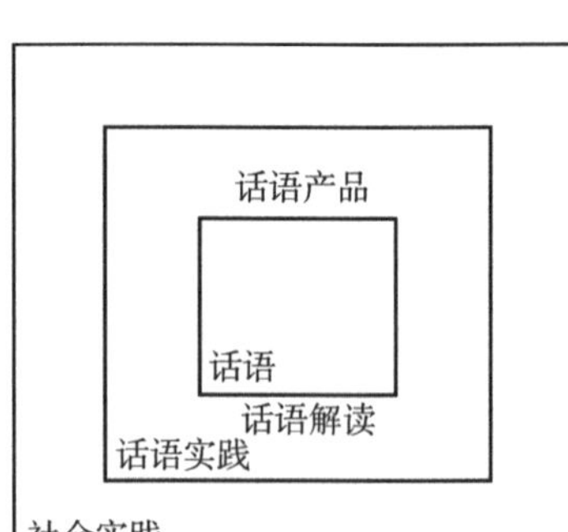

图 2－1　费尔克拉夫的话语分析模式

这个模式把每个语言运用的行为都看成是一个沟通性事件，包含三个层面的内容：

第一个层面“话语”是指篇章的语言特征，其研究关注的是话语的形式特点，例如词汇、语法、句法和句子连贯等。

第二个层面“话语实践”是指话语建构和理解相关的过程：（1）分析在话语建构和篇章解构中的话语（语类）；（2）分析语言学结构（话语的层次）；（3）研究话语实践是再造或者重建现场的话语秩序，还要考虑这些行为给宏观社会现实带来的影响（进入社会实践层面）。

第三个层面“社会实践”是指沟通事件出现的宏观的社会环境现实。社会实践揭示语言运用和社会之间的关系，分析话语现实是如何维持社会秩序或者是如何推动社会变革的。在分析沟通事件时，要结合话语秩序。每个沟通事件的作用在于，它会以社会现实的形式来再造或挑战话语现实，即沟通事件会重塑宏观的社会现实，同时，也受到宏观社会现实的塑造。

这个模式为话语分析提供了一个分析框架，其基础是不能孤立地去理解话语，话语的理解一定要考虑话语实践和社会实践。

四　话语研究方法的选择标准

明确了话语分析的出发点、立场、视角和目的之后，接下来就需要确定具体的研究方法，也就是要回答“怎么做”的问题。在人文社会科学研究中，定量分析和质性分析是重要的研究方法，两者的结合，也成为人们回答复杂研究问题的重要方式。一般来讲，研究方法的选择，需要根据具体的研究问题来确定（纽曼、克洛伊格，2008）。

莱希特（Lacity）和詹森（Janson）（1994）提出了话语分析的研究视角与方法选用之间的关系，对我们开展话语分析研究非常具有启发意义。他们罗列了实证主义、语言学和诠释主义三种话语（文本）分析框架研究方法，并将它们进行了对比，涉及研究方法、文本属性、研究者角色和效度检验等几个维度。

表 2－1 话语（文本）分析框架（Lacity and Janson，1994：140）

话语分析视角	基本假设			效度检验	示例
	研究方法	话语性质	研究者角色		
实证主义	非随机 变体识别	客观的	局外人	定量	·内容分析 ·口语分析 ·文本分析
语言学	语言—现实 关系研究	自然的	局外人	基本质性	·言语行为 ·话语分析
诠释主义	作者—言说者—诠释者的文化影响分析	主观的	局内人	质性	·诠释学 ·意图分析

从表 2－1 中，我们发现，话语分析视角就是涉及哲学假设和立场，研究者的角色就是探究视角，而与此相对应的研究方法和效度检验则是研究方法层面的内容。由此可见，不同的哲学立场和假设，会引导我们采用不同的研究技术和方法。当然，也会相应产生不同类型的话语分析。

五 小结

上面介绍了会话分析、话语分析和批评话语分析三个研究领域的特点和研究方法，归纳如下：

会话分析是一种微观的分析方法，提供了一个分析口语的理论框架，为关注话轮转换的语言学家提供了一个很好的独立分析工具。

话语分析是微观分析和宏观分析之间的一个桥梁，它提出了解释性的方法和语言变体的概念，话语分析超越句子范畴，它探索的是语言高度抽象化的模式，同时还揭示了文体特征是如何影响话语的。话语分析帮助我们建构了对不同社会现实的不同描述。但它并非像会话分析那样提供了一种独立的方法。

批评话语分析反对只有一种话语分析方法的说法。批评话语分析的语言学家们都注重批评的视角，即关注宏观社会问题，例如不平等过程等，他们超越了一种“为了语言而研究语言”的科学兴趣。在过去十年中，批评话语分析倡导者们一直致力于反驳这样的指责，即他们自上而下的方法不能解释自己的方法应该如何运用到眼下正在进行的沟通对话中。但是，他们的研究还是推动了语言和社会过程进入高层次的模型化，比以数据为本的研究做得更好。

第四节　话语研究方法的程序

上一节我们介绍了会话分析、话语分析和批评话语分析的特点和研究方法，本节介绍波达娄克和吕埃尔（2004）提出的涉及话语研究的八个程序，为了叙述更加精简，我们这里重新归纳为六个程序：

第一步，确定理论。要选择一个话语分析的理论作为实证研究的基础。例如，我们关注的是在什么样的社会环境中，技术和话语的使用会对社会环境产生支持作用，因此，我们会选择诠释性、结构主义话语分析。

第二步，选择研究问题。明确自己需要研究什么层面的什么问题，例如词汇层面、句法层面、篇章层面、社会层面等。接下来就要确定具体的研究问题是什么。例如，要研究篇章层面的问题，具体的问题可能是：篇章是如何建构的、如何递进发展的；要选择社会层面的问题，具体的研究问题可能是：在特定的社会背景中产生什么样的话语篇章，对社会环境会产生什么影响等。

第三步，样本选择和收集。样本规模大小在话语分析中，并非核心问题。过大的样本有时会使得资料分析困难重重。样本的选择取决于如下几个因素：研究问题的聚焦点，研究者对研究领域和社会环境的了解程度，以及是否能够获取必备资料等。例如，我们要研究一个企业的员工是如何进行技术运用的，那么需要的材料可能就是企业文件和员工的访谈资料，以了解他们拥有怎样的知识、观念和态度等。如果我们要研究篇章的建构，就需要从现有的文献中，选择不同类型的篇章，例如报纸杂志、小说等。收集资料的方式多种多样，可以是问卷收集、实地访谈、二手资料收集等。

第四步，资料整理。要对问卷进行整理和数据输入、处理，对访谈资料进行转写，对二手资料进行汇总和编码，以便深入分析。

第五步，资料分析。如果是问卷资料，可以借助 SPSS 等软件进行资料分析，找出研究问题的基本数据，包括趋势、频率、基本特征、交互关系等。如果是访谈资料，需要遵循以下步骤：（1）阅读转写资料；（2）了解背景资料；（3）访谈资料的编码和分类；（4）释义；（5）抽取话语的语言学特征；（6）提炼概念；（7）阐明资料中的关系模型。

第六步，总结和得出研究结果。这是资料分析的最后一个环节，要对数据分析进行讨论，在研究者之间达成共识，不断对数据进行分析，提高对数据的认识和把握。最后，成文发表。在这个过程中，尤其是在批评话语分析研究中，要特别关注一个问题：要让公众了解话语实践如何塑造了社会环境，如何维持、解构或建构了不平等的社会结构和权力关系。

第五节　结语

麦格雷戈和默南（2010）对方法论和研究方法的概念梳理进行了提纲挈领的概括。我们将他们的观点用表格的方式呈现，列出方法论和研究方法的四个方面（概念、本质、要素、关系）的区别，力求一目了然。

表 2－2　方法论与研究方法的区别与联系

	方法论	研究方法
概念	哲学意义上的概念（意识形态）； 得出新认识的总原则或原理； 基于所有科学研究（自然、社会或人类）的基本原理和哲学假设； 逻辑、现实、价值观以及认识对研究的影响	研究的操作手段、过程，包括数据（语料）采集方式和范围、数据统计与分析、结果报告、分类和归类、概念框架和理论模式
本质	决定如何利用和解释研究工具	科学研究的工具、手段与方法
要素	认识论、本体论、逻辑学、价值论	定量研究（数据分析、统计） 质性研究（情感、认知、意义）

续表

	方法论	研究方法
关系	方法论决定研究方法的选用； 决定研究焦点、研究目的、研究问题； 决定采取何种研究设计策略，以及如何应用研究结果； 决定知识体系的本质； 不同方法论的存在决定了研究领域整个知识体系的多样性	研究方法体现方法论，决定具体研究的操作过程

我们从表 2－2 可以发现，方法论指的是一整套指导我们认识世界的概念，包括认识世界的原则、基本原理、假设、社会现实和价值观，属于意识形态层面的内容；而研究方法则指的是认识世界的工具、手段和途径，这是两个各自独立但又互相影响的概念。不同的方法论会引导研究者采取不同的研究方法，而不同的研究方法之间也存在认识论和方法论的差异。只有正确把握了话语分析的方法论，才能在不同类型的话语分析中选择合适的研究方法，创造出有价值的、科学的、经得起检验的知识。

本章从“方法论”和“研究方法”两个概念的辨析入手，回顾了经验主义实证主义、诠释主义等社会科学方法论的历时演变，阐述了话语研究方法论的基础定位、四个维度（哲学假设和认知立场、探究逻辑、实践指南、社会政治承诺）和多种研究方法的选择（实证主义、语言学、诠释主义），重点分析了会话分析、话语分析和批评话语分析三种话语研究的特点和研究方法，最后介绍了话语研究的方法程序。本章的系统梳理和介绍，有助于话语研究者厘清方法论与研究方法两个概念，并在优选话语研究方法时更为得法恰当，以奏事半功倍之效。

第 三 章

词法分析：词频和错字错词

第一节 引言

平时我们讲“网络语言”一般有两种意思，一是由网民创造、于网络交流中使用的一种媒体语言，代表了一定的互联网文化，并渗透到现实生活中，对人们的生活产生了一定影响。具体指网上聊天、交流的整个话语篇章。我们暂且称为“网络篇章”；二是指某些产生于网络，主要在网上用的某些词和语，如“小强、稀饭、撩妹”等词，“宝宝心里苦，但宝宝不说”“你是猴子请来的逗比吗”“有钱难买早知道”等句子，这里我们暂且称为“网络词语”（简称“网词”）。而传统讲的“网络语言”既可指“网络篇章”，也可指“网络词语”。本章讨论的词频、错字错词，主要是指涉及网络篇章，具体来讲，就是我们自制语料库中的网络语言。

第二节 词频分析

一 词频统计

词频指的是在给定的话语篇章中某个或某些词出现的频率。由于词频能反映人们语言使用的特点，因此语言研究中经常涉及词频的研究。徐赳赳（2010：66）介绍了前人发现：对作者来说，一些重要的句子成分，会不断提及：“Weil（1844，1887）对比了古代语言和现代语言的词序，发现了超出语法的原则：各种不同‘思想’的相互关系明显地影响句子中词序的排列。捷克斯洛伐克的语言学家在此基础上作了进一步的研究，他们发现在许多语言里，传递重要的、新的、未预期的信息的那些句子成分，会在句子中多次出现”。

尹斌庸、方世增（1994：69）认为：

> 把频度或频率作为一个标准来进行词汇的统计和分析，已经有了悠久的历史。早在公元九世纪，评注《圣经》的希伯来学者就已经知道利用频度来计算不同版本的经典中的用词情况。但大规模使用频度来进行词汇统计的，是德国人 F. W. Kaeding。Kaeding 于 1989 年出版的《德国词频词典》共抽样 10910777 词次的语料，截取频度在 4 次以上不同的词一共 79716 个。

在话语篇章研究中，很重视词频研究，因为某个词出现的频率多少，在某种程度上能判定这个词在某个话语篇章中所处的地位。

徐赳赳（2018：第 6 章）介绍了词频反映某个作者使用词语的规律，也反映了话语篇章特征的例子：

UNA 炸弹客案

> 美国有一个人，在 1978 年至 1995 年之间，每年一次，向多个地方邮寄炸弹，先后炸死 3 人，炸伤 23 人。最初看不出有什么规律，几年后 FBI 注意到，受害人都是在大学或者航空公司工作，因而取“大学”（University）和“航空”（Airline）的首字母，称神秘人为 UNA 炸弹客。
>
> 1995 年，6 家报刊机构同时收到自称是 UNA 炸弹客的人寄来的一篇 35000 词的文章，题目是“工业社会及其未来”。该人提出，如果文章可以发表，就停止邮寄炸弹。
>
> 1995 年 8 月，《华盛顿邮报》增刊发表了这一文章。三个月后，有一个人联系 FBI 说，从文章中的一处特别措辞来看，这个文章像是他十多年未见过的兄弟写的。他以前注意到这一措辞，印象深刻。FBI 通过搜索，在蒙大拿州荒野中的一个小木屋里找到并逮捕了这个人的兄弟。
>
> 这个嫌疑人叫泰德·卡茨斯基（Ted Kaczynski），1942 年生于芝

加哥，极端环保分子。幼称神童，16 岁考入哈佛大学，后获得数学博士学位。25 岁被加州大学伯克莱分校聘为助理教授，两年后辞职，在蒙大拿州的荒野中的一个没有电没有自来水的小木屋里，过着野人一般的生活。

FBI 在小木屋里发现了卡茨斯基所写的几篇文章，其中一篇是十年前在报纸就同一主题发表的大约 300 词的文章。FBI 分析专家认为 35000 词的文章和 300 词的文章语言上存在重大相似性，有相同的常用实词、虚词以及固定短语共 12 个：at any rate（无论如何）；clearly（显然）；gotten（得到）；in practice（实际上）；moreover（再者）；more or less（或多或少）；on the other hand（另一方面）；presumably（大概）；propaganda（宣传）；thereabouts（所在）；以及由词根 argu（“论—”）和 propos（“指—”）所派生的一些词语。于是专家认定，这两篇文章的作者是同一个人。

被告律师也请了一个语言学专家，这个语言学专家反驳道，这些相同的词语不说明任何问题，因为任何人在任何时候都有可能使用任何词语，所以词汇的重叠不具有甄别意义。

FBI 专家用互联网搜索进行了检验。当时互联网的规模比现在要小得多，但即便如此，他们也发现了有三百万个网页包含这 12 个词语中的有一个或者多个。不过，当他们搜索包含所有这 12 个词语的网页，却只得到 69 个；经过仔细考察，这 69 个网页都是《华盛顿邮报》那篇 35000 词文章的网络版!

从“UNA 炸弹客案”这个例子我们可以看出，词频有时能反映某个作者的写作风格，也就是这个作者倾向于用什么词。警察正是通过这一现象，通过词频研究发现线索，逮住了这个“UNA 炸弹客”。

根据上面学者的观点和用词频来研究语言的实例，我们推测，在网络聊天中，词频也能从一个侧面看出这个聊天的主要内容，或者说是聊天主题。一般来说，出现多的词语，是网聊者关注较多的内容。下面我们通过分析六个语料的词频，来讨论网聊的主要内容。为了缩小研究的范围，我们只统计名词词频，这是因为名词是表示人和事物的名称的实词，通常是网聊的话题。

在句子里，名词主要充当主语和宾语。研究发现（徐赳赳，2010：287—328），主语经常充当话题，也就是谈论的主题。宾语在句子里经常具有引进新信息的功能。因此，通过名词的词频，我们有可能大致了解到某个 QQ 群谈论的主题。

但是，名词比较复杂：

> 名词中比较特殊的是表示时间、处所、方位的名词。
>
> ……
>
> 时间名词、处所名词、方位词虽然有名词的特点（如能跟介词组成介词结构），但是它们经常修饰动词，这是它们不同于一般名词的地方。方位词还经常附着在别的词或词组上边，组成表示时间或处所名词或词组，如“屋内”、“国外”、“长江边”、“开会前”、“假期当中”、“太平洋以东”、“长江与黄河之间”、“他出国以后”。
>
> （胡裕树，1995：286）

> 方位词、时间词、处所词的共同特点是可以直接或加定语后做“在丨到”的宾语。从语法意义上看，这三类词都可表示位置：或表示空间位置，或表示时间位置，或既可以表示空间位置又可以表示时间位置，因此我们也可以把这三类词合称位置词。
>
> ……
>
> 名词实际上是体词中的剩余类，体词中归不进方位词、时间词、处所词、量词的都归入名词。
>
> （郭锐，2002：206，210）

由于时间词、地点词和方位名词的性质比较特殊，我们这里暂且不列入统计范围。

二　实例统计

下面是我们统计的六个 QQ 群聊天语料位于前 10 位的名词词频。

先看语料 1 的词频情况：

表 3-1 语料 1 的词频

顺序	词	频次	频率（%）
01	投资	7135	50.14
02	项目	1287	9.04
03	公司	1137	7.99
04	担保	969	6.81
05	平台	917	6.44
06	银行	916	6.43
07	利息	687	4.83
08	风险	576	4.05
09	信用卡	306	2.15
10	利率	301	2.12
总计		14231	100

借用“修辞结构理论”（Mann, W. and S. A. Thompson, 1986, 1987）中的研究思路和术语，我们暂且把这十个高频词中位列前一两个的词作为“核心词”，其他为“卫星词”。核心词指的是这个语料中主要谈论的主题，卫星词指的是跟主题密切相关的词。从表 3-1 看，“投资”一词位于首位，我们暂且把“投资”看作是核心词，那么其他的词就是卫星词。见图 3-1：

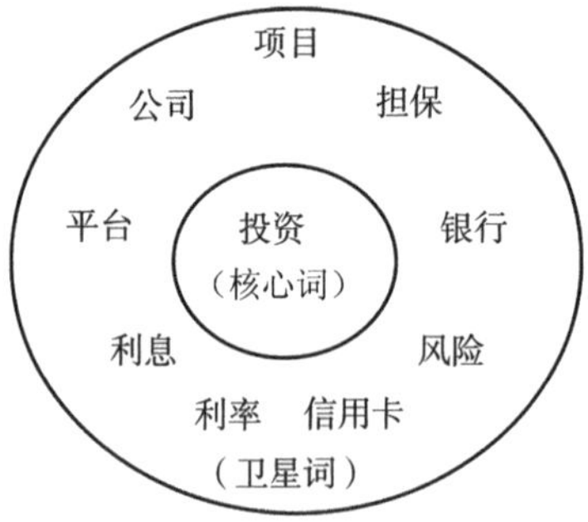

图 3-1 语料 1 中的核心词和卫星词

图 3-1 显示，核心词是“投资”，其他是卫星词，“公司、银行、平台”就是投资的地点和场所，“利息”是投资的获得，“利率”的多少是

投资考虑的一个重点，投资什么“项目”是投资者需要确认的，投资有“风险”，投资用得到“信用卡”。

表 3－2 是语料 2 的词频：

表 3－2　　语料 2 的词频

顺序	词	频次	频率（%）
01	房奴	346	24.71
02	房子	243	17.36
03	女神	141	10.07
04	孩子	124	8.86
05	贷款	103	7.36
06	老婆	102	7.29
07	结婚	98	7.00
08	装修	88	6.29
09	公积金	79	5.64
10	中介	76	5.43
总计		1400	100

我们把“房奴”看作是核心词，那么其他的词就是卫星词。

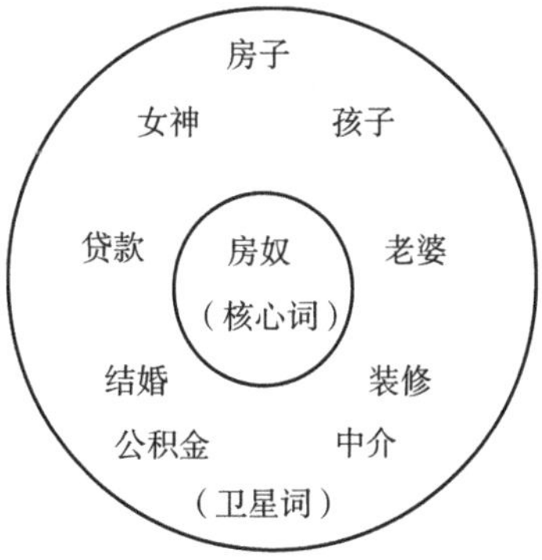

图 3－2　语料 2 中的核心词和卫星词

我们把“房奴”确认为是核心词的话，那么我们就可以推测涉及“房子”才有可能成为房奴，而表人物的几个词“女神、孩子、老婆”可以看作是居住房子的人，“结婚”通常需要房子，“装修”的是房子，买房可能用到“公积金”贷款。这些卫星词都和核心词“房奴”密切相关。

表 3－3 是语料 3 的词频：

表 3－3 语料 3 的词频

顺序	词	频次	频率（%）
01	手机	1081	19.29
02	券	975	17.40
03	东西	930	16.60
04	价格	644	11.49
05	红包	643	11.47
06	小米	506	9.03
07	苹果	271	4.84
08	空调	254	4.53
09	商品	206	3.68
10	三星	94	1.68
总计		5604	100

“手机”出现次数最多，我们把“手机”看作核心词：

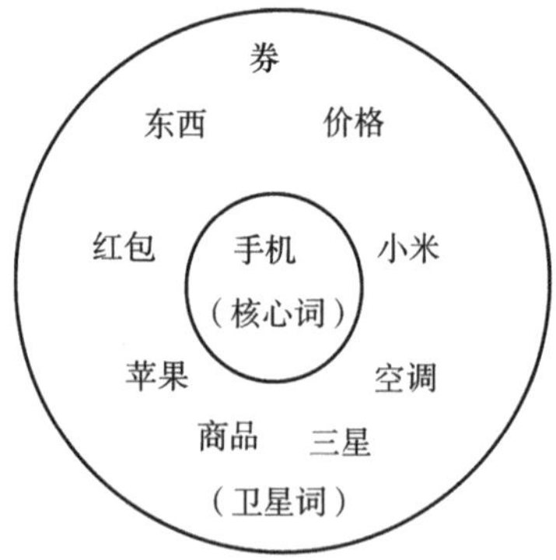

图 3－3 语料 3 中的核心词和卫星词

“手机”是核心词，“小米”不是指粮食的“小米”，而是指“小米手机”。“苹果”也不是指吃的水果，而是指“苹果手机”。“三星”也是指手机。十个高频词里，有三个涉及手机的品牌，可以看出手机是谈论的中心。“券”指的是买东西的券。其他词都是跟买东西有关。

表3－4是语料4的词频：

表3－4　　　　语料4的词频

顺序	词	频次	频率（%）
01	女神	1207	34.73
02	公司	646	18.59
03	土豪	327	9.41
04	大学	300	8.63
05	妹纸	291	8.37
06	师兄	283	8.14
07	学校	157	4.52
08	单身	118	3.40
09	师姐	93	2.68
10	帅哥	53	1.53
总计		3475	100

我们确定“女神”为语料4中的核心词：

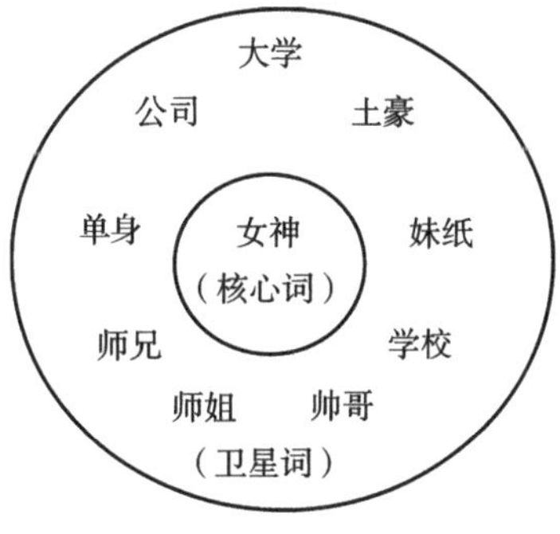

图3－4　语料4中的核心词和卫星词

“女神”是网络语，指女性。表示现代女性“女神”一词是语料4中讨论得最多的。“妹纸”是网络语，指“妹子”。如果我们暂且把“女神、妹纸”看成是学生的话，那么相关的词就是“师兄、师姐、大学、学校”

等比较正常。“公司、土豪”可好像跟“大学”关系不大，是否学生以后想进“公司”，想当“土豪”？还有，难以理解的是“学习、读书、研究、学位、导师、论文、课程”这些跟“学生”紧密相关的词都没进前十名。

表 3－5 是语料 5 的词频：

表 3－5　语料 5 的词频

顺序	词	频次	频率（%）
01	桥牌	440	27.57
02	群主	229	14.35
03	搭档	221	13.85
04	比赛	206	12.91
05	打牌	166	10.40
06	高花	89	5.58
07	低花	78	4.89
08	牌手	75	4.70
09	成绩	55	3.45
10	西家	37	2.32
总计		1596	100

“桥牌”为语料 5 的核心词：

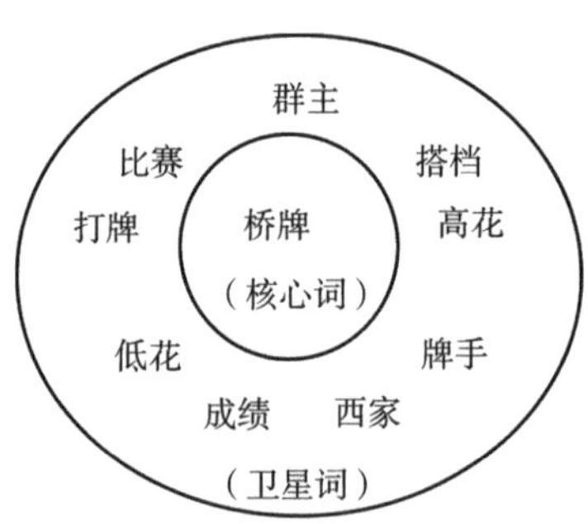

图 3－5　语料 5 中的核心词和卫星词

“桥牌”是核心词的话，其他都是卫星词，“高花、低花”不懂桥牌的人看不懂，据“百度知道”（baidu.com，2015 年 7 月 21 日点击）介绍：“扑克的四种花色中，黑桃和红心称为高花，方块和梅花称为低花。”

表 3 -6 是语料 6 的词频：

表 3 -6　　　　语料 6 的词频

顺序	词	频次	频率（%）
01	旅游（行）	60	33.15
02	工作	22	12.15
03	同学	22	12.15
04	结婚	18	9.94
05	学校	16	8.84
06	世界	11	6.08
07	艳遇	10	5.52
08	行程	8	4.42
09	自助游	7	3.87
10	线路	7	3.87
总计		181	100

对这十个高频词的综合分析，我们暂定“旅游、旅行”为核心词，这两个词意思大致相同：

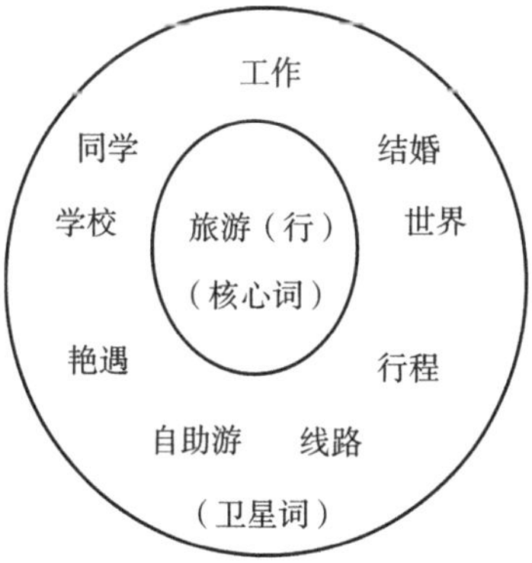

图 3 -6　语料 6 中的核心词和卫星词

“旅游”和“旅行”意思基本相同，暂且统计为一个词，可以看作是核心词。“工作”好像跟旅游没有直接的关系。如果“结婚”涉及“旅行结婚”，那跟旅行有些关系。其他的词跟旅游的关系还是密切的。

三 小结

根据对六个语料统计的结果来看，每个语料的核心词和卫星词基本能反映该语料所讨论的主题。只是在语料3中，出现的频率显示“手机”（出现1081次）为核心词，但如果把十个高频词进行抽象分析看，似乎是排位第三的“东西”（出现930次）担任核心词更为恰当些。这里要说明的是，我们从几百万的网聊语料中统计出来的核心词，自然是网聊讨论的话题和主题。但是卫星词的重要性也不容忽视，因为这些卫星词都是网聊所讨论的重要内容，如果我们引入“次话题”这一概念的话，这些卫星词都可以看作是次话题。

王晓真（2018）介绍了一项最新的研究，认为词语的使用频率会被“复制”并“传递”：

> 近期，英国科学家分析了人们在社交网络上的对话后发现，语言的传播和演变过程与生物进化类似。
>
> 科学家们已经证实，人们在与他人交谈时，往往会不经意模仿谈话对象的语言风格和用词习惯。但是，这种通过模仿他人而习得的语言习惯在谈话结束后是否还会持续？与其他对象交谈时，是否会使用之前通过模仿习得的语言习惯？英国伦敦大学皇家霍洛威学院生物科学系的研究人员通过分析社交网络“推特”上的对话消息，旨在探究语言的传播是否与基因遗传类似，进而帮助解开语言如何演变和传播的谜题。
>
> 近期《英国皇家学会界面杂志》刊发的研究成果显示，英国伦敦大学的研究人员观察分析了逾2亿条“推特”在线对话消息，选出了1000个词语，监测了这些词语的出现频率及用法所发生的变化。研究发现，词语使用的频率会在不同的对话之间“复制”和“传递”。当人们遇到他人频繁使用某些词语时，也倾向于频繁使用该词语。越是高频词语越容易遇到，而人们也会更频繁地使用该词语。这意味着词语的使用频率会被“复制”并“传递”。这种“复制”机制，可以被用于研究语言的演变。
>
> 研究人员表示，研究观察到的语言变化方式让人联想到生物进

化。这些与生物进化的相似点表明，语言进化内部也有类似基因的单位存在，尽管这些单位是什么，我们还不得而知。该研究通过展示词语使用频率如何被“复制”和“传递”，为探究这些单位的本质给出了一些阐释。研究人员相信，如果将研究背景扩大到整个人类语言中，能够帮助我们了解语言随着时间推进的演变情况。

第三节 错字错词和修补

网络话语中有一个特点，就是经常出现错字错词（简称“错词”），这也是语言规范者经常批评网络语言的一点。从上传方（发话方）来说，网络聊天是打字上传，由于时间的关系，通常不会逐词逐句“校”后再上传，所以经常出现错词，并且上传后，通常无法改动（现在的微信在一定时间内可以撤回）。从接收方来说，有的错词一看就知道是上传的人打错字了，如果读者能推出上传者想表达的内容，一般也不会指出上传者的错误。对有些引起误解的错误，有可能问一下上传者是什么意思。

先看几个网上流传打错字的例子：

（1）a	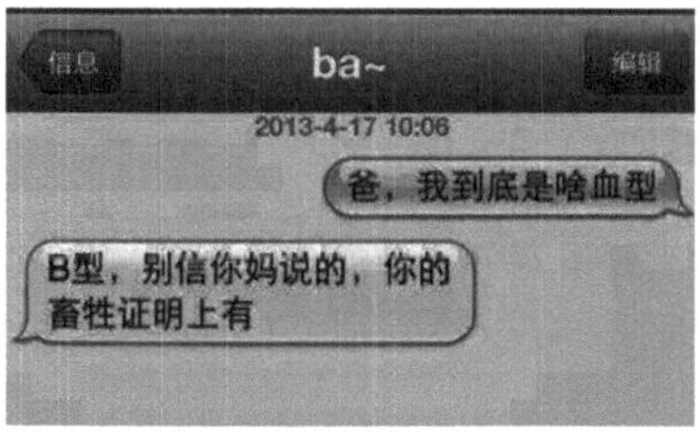
b	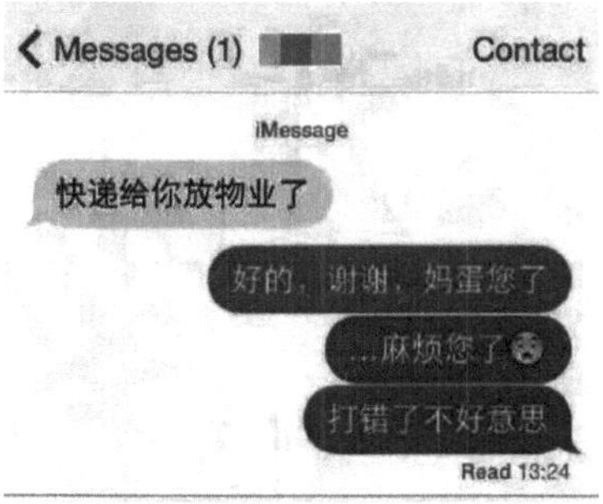

续表

<table>
<tr><td>c</td><td>
</td></tr>
<tr><td>d</td><td>
</td></tr>
</table>

续表

e	消息(12) 咸鱼。 凶毛线阿 美胸 没胸 没凶 20:08 啊
f	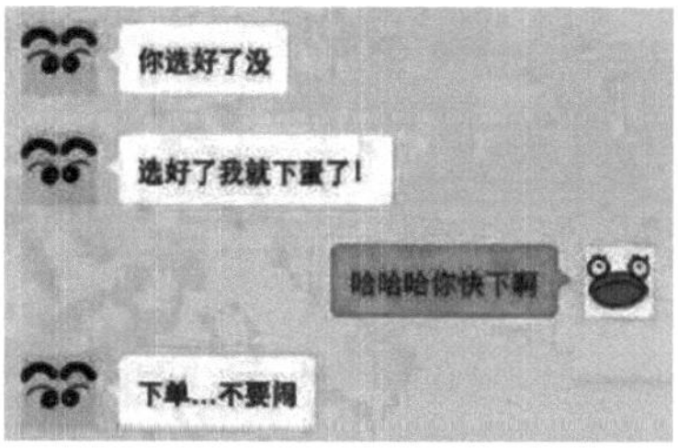你选好了没 选好了我就下蛋了！ 哈哈哈你快下啊 下单...不要闹
g	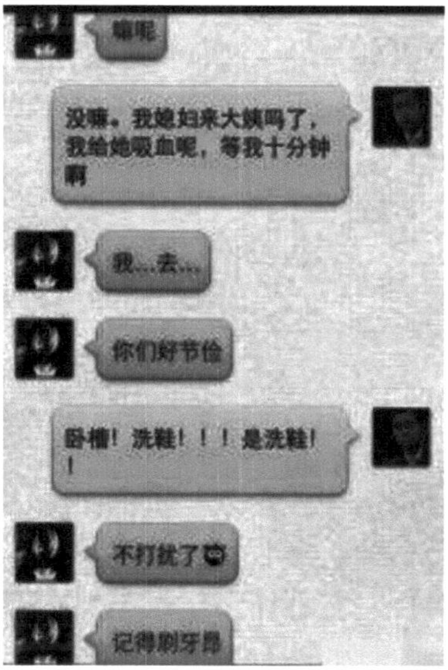嘛呢 没嘛。我媳妇来大姨吗了，我给她吸血呢，等我十分钟啊 我...去... 你们好节俭 卧槽！洗鞋！！！是洗鞋！！ 不打扰了 记得刷牙昂

续表

<table>
<tr><td>h</td><td>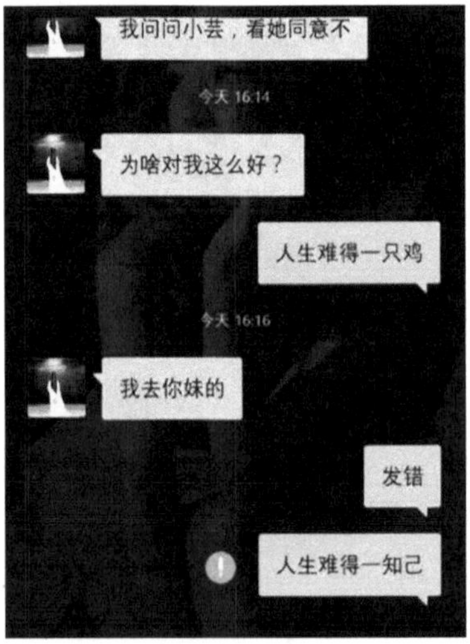
</td></tr>
<tr><td>i</td><td>
</td></tr>
<tr><td></td><td>（《百度贴吧》2015 年 9 月 9 日访问：http：//tieba. baidu. com/p/400112101）</td></tr>
</table>

下面是我们语料中出现的一些错词的例句（画线的词可能是错误的词，括号内的词是我们加的，暂且认为可能是正确的词）：

(2) a	为什么没有收获地址啊?(收货)
b	上部了官网了,爱投资跑了(上不了)
c	伦敦市长做一号线怎么没把他挤死的。(坐)
d	本来今天想买点爱投资的,看到这句话,该主意了(改)
e	西长安街 88 号位置及佳啊(极佳)
f	这是要渔工移山啊(愚公移山)
g	乃们要把这里变婚介所么?(人们)

一　错词的比例

根据《中华人民共和国新闻出版总署令》第 26 号(2004 年)第五条规定:"差错率不超过 1/10000 的图书,其编校质量属合格。""差错率超过 1/10000 的图书,其编校质量属不合格。"在附件《图书编校质量差错率计算方法》中,该《总署令》还具体规定了如何计算差错率:

图书编校质量差错率计算方法

一、图书编校差错率

图书编校差错率,是指一本图书的编校差错数占全书总字数的比率,用万分比表示。实际鉴定时,可以依据抽查结果对全书进行认定。如检查的总字数为 10 万,检查后发现 2 个差错,则其差错率为 0.2/10000。

……

三、图书编校差错的计算方法

1. 文字差错的计算标准

(1) 封底、勒口、版权页、正文、目录、出版说明(或凡例)、前言(或序)、后记(或跋)、注释、索引、图表、附录、参考文献等中的一般性错字、别字、多字、漏字、倒字,每处计 1 个差错。前后颠倒字,可以用一个校对符号改正的,每处计 1 个差错。书眉(或中缝)中的差错,每处计 1 个差错;同样性质的差错重复出现,全书按一面差错基数加 1 倍计算。阿拉伯数字、罗马数字差错,无论几位数,都计 1 个差错。

……

(9) 阿拉伯数字与汉语数字用法不符合《出版物上数字用法的规定》(GB/T158351995) 的，每处计 0.1 个差错。全书最多计 1 个差错。

(《中文编辑校对网》，2016 年 5 月 3 日访问：http：//www. bianjiao. net/page139？ article_id =42)

编校差错共九条，为省篇幅，这里列了两条（1 和 9）。这九条是国家对出版物的规定，符合规定的，产品就是“合格”的。

按新闻出版署的错误界定，是包括很多方面。我们这里讨论的错误，只是指在一个话轮中，有错字和错词。见表 3 -7（我们就统计语料 1 的情况）：

表 3 -7　　错误率

语料	话轮（个）	差错（个）	比例（%）
语料 1	35892	300	0.84

表 3 -7 显示，在 35892 个话轮中，有 300 个话轮中有错字。从比例看，100 个话轮中，有 0.84 个话轮中有错误。按照上面介绍的《总署令》的标准，网聊中的错字词的错误率已经“超标”了。

二　错词的类型

（一）同音字错误

我们的语料显示，错词中，同音字错词占多数。在面对面的语音对话中，完全同音“错误”是听不出来的，近音字的错误对方可能听出来。而电脑打字就很明显看出错误，如下所列都是同音词的错误（括号里是可能正确的词，下同）：

(3) a	3 個月，估計又是夏門的機場……（厦门）
b	我们公司网络不行，我冲了几下搞不来，干脆不冲了（充）
c	@ Shirley 各自在演讲，OY，咋们继续吃饭（咱们）
d	网袋有风险，入市须谨慎（网贷）

续表

e	今天提现，明天周六可以到张吗？（到账）
f	我纲要说（刚）

从我们收集到的300个有错误的话轮中，由同音词（近音词）所造成的错误的比例如下：

表3-8　　同音词错误率

语料	差错（个）	同音（个）	比例（%）
语料1	300	243	81

表3-8显示，由于同音词所造成的错误占了整个错误率约80%。造成这么多同音词错误的原因明显是由于汉字的拼音输入法造成的：打进某个词的拼音，同音词一起出现，然后选一个，选错了，就造成同音词的错误。这跟用笔写字不同，用笔写字，通常不会有这么高的同音词错误。但这个字少一点，那个字少一笔这类错误会增多。电脑输入不会有某个字写错，因为所有的字是由字库决定的。

我们发现，同音字错误中，语气词和叹词错误占了多数。

胡裕树（1995：298）认为，“语气词的作用是附着在整个句子的末了，表示语气。”他举例的语气词是“的，了，吗，呢，吧，啊”。“叹词包括表示感叹和应答的词，如‘唉’、‘呀’、‘哟’、‘哎哟’、‘喂’、‘嗯’、‘唔’等。”由于这两种词的功能比较接近，都有表示“情感”的功能，我们就把两类词放到一起分析。

表3-9　　同音词中叹词语气词所占的错误率

语料	同音错（个）	其中叹词语气词（个）	比例（%）
语料1	243	81	33

表3-9显示，叹词语气词的错误率约占了同音错误率的三分之一。错误的主要表现是少口字旁，如“嗯”写成“恩”。

(4)	a	那么付息是担保公司在第二个工作日开始偿付　如果不付，是否要给违约金阿？(啊)
	b	如果发生风险，可能会引起延期的。就算是第二个工作日赔付，也是延期了的牙(呀)
	c	可惜政府机构职能的脚步总跟不上社会潮流，得问题大范围爆发才会触发国家设立这样的机构把（吧）
	d	003，我只是说理论上有这种可能！但你不会转我1000万的！是马？(吗)
	e	恩那，金馆长我最爱（嗯）
	f	他们在讨论我的网名拉（啦）

下表是错误叹词语气词统计表：

表3-10　　同音词错误率

叹词语气词	错（个）	比例（%）
恩（嗯）	46	56.8
阿（啊）	21	25.9
拉（啦）	7	8.6
其他	7	8.6
总计	81	100

表3-10显示，“嗯”“啊”两个字的错误占了82.7%，其他都很少。

（二）其他错误

我们的语料显示，其他的错误由各种情况所造成。

(5)	a	真相不会是网速过慢吧……
	b	当然，我是相信爱投资的！也相信件003！更相信小言不会辜负神话和千树
	c	第一提现
	d	钱来的容易被
	e	没人买我后台买

续表

f	不知那个百万的土豪在不在我们二君
g	表吓我，我好像投那个了
h	加碘言

例（5a－b）中，错词的类型是多字。例（5a）中的“真相”是多的，感觉去掉句子就通了“不会是网速过慢吧……”；例（5b）中的“件”是多的，去掉句子就通了：“当然，我是相信爱投资的！也相信003！更相信小言不会辜负神话和千树”，这里的“件”可能是打了“信”后，跟出来的，一不小心就选上了。

例（5c－d）中，错误的类型是少字。例（5c）中，可能是少了“次”，“第一次提现”；例（5d）中，感觉少了字，但不知少什么字。

例（5e）中，可能是“后天”打成“后台”。如“后台”能买，那就不算错了。

例（5f－g）中，估计是单字打错了：“群”打成“君”；“别”打成“表”。

例（5h）中，看了上下文，还是不知道“加碘言”是什么意思。

（三）可能是故意打错

这种情况比较复杂，看起来是错的词，其实可能是“对的”，是发话者故意“打错”的。

（6）a	纳睡光荣，逃睡可耻！
b	正规的通過淫行匯進去，每天2萬，同戶名8萬或通過兌換店無限制，無手續費，比淫行好的兌換率
c	灰主流也可以
d	女猪脚很漂亮
e	女的建议I疯
f	真受不鸟
g	默事的。
h	阿弥托福

我们判别错误是多样标准：有自我改错的情况，有接受者指出的情况，还有违反规范标准且出现一次。例（6）的情况是出现两次以上，有的是多次，有的是多人用，所以有理由怀疑是“故意所为”。可以看作是“前网语”，也可能已经是网语了。

三　错词修补

错词修补指的是发话人知道有字打错，就进行修补，见下例：

（7）a	邮箱
	油箱
b	第一提现
	第一次
c	其实呢，也某些了资金的外流
	谋杀
d	第
	第三方支付，是需要拍照的，资质的。不是随便开的。
e	不知打
	道
f	前几天我在招嫖
	找票

例（7a－f）中，一行是一个话轮，第一个话轮是作者发现打错了，第二个话轮马上就修补，上传打错的那个词，不是把整个正确的句子上传。

语料显示，修补有作者自我修补，他人指出错误，各种情况。

（一）作者自我修补

1. 一般自我修补。

例（7）中的例子，都是作者一看打错了，马上在第二个话轮中补上。就是我们这里讲的一般自我改进的情况。

2. 自己指出错误，然后修补。

下面的例子是先告诉大家自己打错了，然后说出正确的：

(8)	快慢又不是你我掌控的，急啥
	前几天我在招嫖不好意思打错字了，我是想说满满满，不是慢

3. 有时作者自己发现错误，但是改正慢了一拍，中间已经插进其他人的话轮了，见下例：

(9) a 网聊 1	祖国尚未统一，无心上边。。。
网聊 2	也行
网聊 1	上班
b 网聊 1	北房，居住证，学区，找人，高中可以
网聊 2	言简意赅
网聊 1	打错好几个字

例（9a 网聊 1）发现“上边”打错了，就赶紧打上正确的“上班”，但中间已插进“网聊 2”中的“也行”，是回答例（9a 网聊 1）上面其他人的话轮的。例（9b 网聊 1）中几个字，“找入”知什么意思，其他几个词，不看上下文也不知道有错，作者自己说“打错好几个字”，但没讲打错了哪些字，“网聊 2”说“言简意赅”，不知是对“聊天 1”说的，还是对别人说的。

4. 下面的例子是作者做了修补，同时又加上新的信息。

(10)	太奶奶给的
	她的奶奶给她的

例（10）中，就单看第一句“太奶奶给的”没错，按辈分“太奶奶”指的是“奶奶的妈妈”，但作者表达的不是这个意思，先是改为“她的”，然后“给的”中间加了新信息“她”。

5. 还有给错误找理由的。

（11）	算了，不是你的搓
	错
	是月亮惹的祸

例（11）的作者先是在下个话轮中把正确的字“错”打上，在下一个话轮中，还套用张宇唱的“月亮惹的祸”给“我的错”找个犯错的理由。

（二）读者指出后修补

下面的例子是读者发现提出疑问，或者指出错误。

（12）	网聊 1	穿瑶更适合你
	网聊 2	传谣是啥
	网聊 1	穷瑶
	网聊 1	琼瑶
	网聊 1	也是写小说的
（13）	网聊 1	最近房事状况如何妞妞
	网聊 2	只有 2 套能办到房产证，
	网聊 3	云淡，你的是第几套？
	网聊 2	房事???
	网聊 4	西城的
	网聊 1	房产形势
	网聊 5	买那多干嘛
	网聊 2	我以为你问她夫妻生活。。
	网聊 1	擦
	网聊 1	房事一般指的 房产
	网聊 3	有的政府限价的房比同小区二手房都便宜，真是买到就赚啊
	网聊 1	夫妻生活跟我什么关系

续表

网聊 2	第一次听到这样的简称
网聊 1	限价房现在有吗
网聊 2	房市是这样写的吧?

例（12）把“琼瑶”打成“穿瑶”，网聊 2 以为是“传谣”。

例（13）中网聊 1 说“房事”，引起网聊 2 的疑问，网聊 1 不认错，认为是简称，网聊 2 指出，应该是“房市”。

（三）不予修补

我们的语料显示，网聊者对错误基本的做法是“知错不改”，就是对错误不予修补。网聊者通常能通过语境找到正确的答案，因此并不影响对整个句子的理解。表 3－11 显示，修补只占了 7.0%。

表 3－11　错误修补率

错误	改错（例）	比例（%）
300	21	7.0

四　非网络错误

上面分析网聊的错误。在其他领域的语言使用中，我们发现，使用文字时也经常看见错误，据推测是计算机输入的错误，也就是同音词的错误为多。下面是几例标题错误的实例。

微博
打开
哈哈哈哈哈哈哈哈哈哈 拦都拦不住！
北京生活 5-21 19:42
哈哈哈哈哈哈哈哈哈哈 拦都拦不住！
首都师范大学申玉铭教授硬来我校进行学术交流
河南财经政法大学
5-16 11:00
5月14日，首都师范大学资源环境与旅游学院副院长、博士生导师申玉铭教授应邀来我
微博
随时随地发现新鲜事！
打开APP
禁止做人
后果自负

上坟烧纸注意失火
谁防火，谁坐牢
大科街道办事处宣

举报毒品违法
犯罪活动有奖
举报电话：110 (0775)4554558
港北公安分局 宣

加速金融扶贪
开展双基共建
辛集市农村信用社

上面这些例子，大都是标语，标语通常字数不多，字形较大，以达到醒目的效果。通常不易出错，分析这些出错的主观原因是没有认真校对，客观原因是电脑输入是产生错字词的主要原因。那么在互联网和非网聊的情况怎么样呢？据“中国人的错别字报告”（《青年文摘》2018 年第 1 期下）介绍，非网聊的情况也不容乐观。下面是这篇文章介绍的情况。

2017 年，教育部语用司、共青团中央宣传部与搜狗输入法联合发起“零错行动——全民随手掐错字”行动，鼓励拍照举报错别字。四个月时间，参与举报者上百万人，提交的有效错别字近十万个。

错别字按互联网和非互联网两类：

互联网：微博错别字最多，占 73.3%；网络门户是第二，占 8.5%；微信公众号第三，占 6.5%。

非互联网：商店错别字最多，占 45.5%；学校占 28.3%；标语公告第三，占 21.4%；景区第四，占 4.9%。

出现次数最多的错别字有：阀（阈）值、宣泻（泄）、干嘛（吗）、纯洁无瑕（暇）、帐（账）号、份（分）量、渡（度）假、震憾（撼）。

最难分辨对错的有五对：身份—身分、文身—纹身、缘分—缘份、算账—算帐、唯一—惟一。

文章认为：究其原因主要有两个，一是电脑输入，二是整个社会浮躁和功利。

第四节　结语

本章讨论网络篇章的两个问题，一是词频问题；二是用词错误和修补问题。

通过字词频率来进行语言研究，这一研究法已在话语篇章研究中广泛应用。一般来说，词频高的词，通常是使用者比较关注的词。本章通过字词频率统计，读者可以大致了解该网聊群是属于什么群，或者说，该群主要是讨论什么内容的。本章中谈到的核心词和卫星词的区分，更能揭示这十个高频词之间的关系。

由于词频统计应用广泛，有关词频统计的软件应运而生，网上就能查到各种有关软件，举一个例子，“语料库在线”（cncorpus. org）网站不仅给研究者提供该网站自己开发的“字词频率统计工具”软件（Corpus Word Frequency App），还给研究者提供了“在线语料库字词频数据”。

在网聊中，错字错词是常见的。我们语料显示，大多错字错词不影响对基本意思的理解，所以作者和读者知道有错字错词，很少有自我纠正和提出纠正的。作者如果预测可能会影响到读者理解，有时会进行纠错。如果某个错误影响了读者的理解，读者有时会提出疑问。

用词错误和修补问题涉及三个内容：错词的比例，错词的类型，错词的修补。

在错词的比例中，量化分析显示，在100个话轮中，有0.8个话轮中有错词。造成错误的原因很多：如跟拼音输入法有关，上传者没有校对就上传，还有，大多错词对方都能发现，但不影响理解等。

对错词类型的研究中，我们发现在错词中80%是同音词错误，这跟拼音输入法有很大关系，几个同音词一起出现，一不小心就可能选错了。研究显示的语气词、叹词错误比例高，我们感觉是有些人知道是错误的，也就这样用了，比如“嗯”是规范的，网聊者打“恩”不规范但通常不影响对方的理解。

姚剑鹏（2008：147）研究的是面对面会话的修补，他认为：“会话自我修补是说话者在监测到话语错误后所采取的一种自我纠正行为，是会话修补的主要表现形式，也是常见的自然话语间断语流（disfluency）

现象。诺特博姆（Nooteboom）在分析了梅林格（Meringer）的口语语料库后，发现说话者75%的语音错误和53%的词汇错误均由本人修补（转引自Levelt，1989：463 ）。李维特（Levelt）在他的颜色命名实验中发现，实验被试所犯的472处错误中有218处错误是由被试本人修补的（Levelt，1989：463）。”我们的语料显示，修补错误在错词的比例中是很少的，100个错词，也只有7个做了修正，而且是既包括自我修补，也包括他人修补。这跟李维特（1989）的研究结果相差很大，这可能就是面对面的交谈和网络交谈的不同之处。在网络交谈中，作者即使发现错了，只要作者认为读者能理解，通常不会修补。一般的情况是，如作者自己修补，通常作者认为对方可能误解。对方指出错误的，通常是读者感到难以理解的。

第四章

词法分析:网络词语的特征

第一节 引言

从目前对“网络语言”的研究来看，大家最关注的是“网络词语”，对句法和篇章的关注相对较少。这是因为词汇在网络语言中最活跃，变化最快，因此，人们对词最敏感。当人们谈到网络语言时，不管是主张对网络语言持批评的人（于根元，2001：前言），还是对网络语言持宽容态度的人（于根元，2001：前言；徐莹，2006），主要是针对“词汇”的角度说的，可能的原因是，相对词汇来说，网络语言中句法和篇章跟规范的语言相差不大，或者说句法和篇章相对稳定，而词汇每天都可能变化，网络词汇自然成为网络语言研究的首选的对象。综上所述，我们平时经常讲的“网络语言”这一术语，很多情况下主要指网络中使用的“词”和“语”。下面简要回顾一下网络语言产生的背景、定义及特点。

一 网络语言产生的背景

提到“网络语言”，顾名思义是网络带来的语言。近几十年来计算机的快速发展，加上互联网的快速普及，导致了传统的通信传播等方式的“革命”。近些年互联网传递的信息更为丰富，更为快捷，费用不断下降，人们对网络的依赖性也越来越强。“网络语言”由计算机的产生而产生，随着计算机的发展而发展。

根据2017年8月第40次中国互联网发展状况统计报告：

2017年8月4日，中国互联网络信息中心（CNNIC）在京发布第40次《中国互联网络发展状况统计报告》（以下简称为《报告》）。《报告》显示，截至2017年6月，中国网民规模达到7.51亿，占全球网民总数的五分之一。互联网普及率为54.3%，超过全球平均水平4.6个百分点。

……

截至2017年6月，我国手机网民规模达7.24亿，较2016年底增加2830万人。网民中使用手机上网的比例由2016年底的95.1%提升至96.3%，手机上网比例持续提升。上半年，各类手机应用的用户规模不断上升，场景更加丰富。其中，手机外卖应用增长最为迅速，用户规模达到2.74亿，较2016年底增长41.4%；移动支付用户规模达5.02亿，线下场景使用特点突出，4.63亿网民在线下消费时使用手机进行支付。

（《中国互联网信息中心》，2017年10月15日访问）

据百度介绍，到2022年底，我国网民规模达10.67亿：

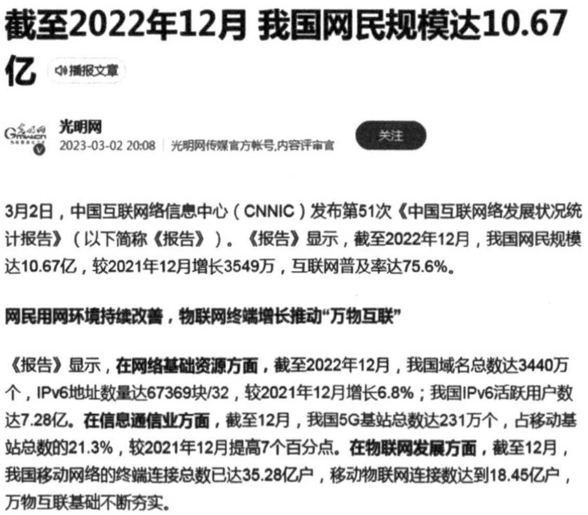

截至2022年12月 我国网民规模达10.67亿 播报文章

光明网
2023-03-02 20:08 | 光明网传媒官方帐号,内容评审官
关注

3月2日，中国互联网络信息中心（CNNIC）发布第51次《中国互联网络发展状况统计报告》（以下简称《报告》）。《报告》显示，截至2022年12月，我国网民规模达10.67亿，较2021年12月增长3549万，互联网普及率达75.6%。

网民用网环境持续改善，物联网终端增长推动“万物互联”

《报告》显示，**在网络基础资源方面**，截至2022年12月，我国域名总数达3440万个，IPv6地址数量达67369块/32，较2021年12月增长6.8%；我国IPv6活跃用户数达7.28亿。**在信息通信业方面**，截至12月，我国5G基站总数达231万个，占移动基站总数的21.3%，较2021年12月提高7个百分点。**在物联网发展方面**，截至12月，我国移动网络的终端连接总数已达35.28亿户，移动物联网连接数达到18.45亿户，万物互联基础不断夯实。

这两个统计报告提供了两个信息：一是中国网民持续上升；二是互联网的应用范围不断拓宽，不仅是在电脑中使用，智能手机在移动、互动方面更胜一筹。这些科技的进步，促进了网络语言的快速发展。

网络词跟规范语言离得较远的原因很多，主要有三种原因：“无约束说”“创新说”、和“经济说”：

无约束说：

网络语言不需要“批准”，其创造力不受“正统”传媒编辑的过滤或限制，网民可以自己制造、使用和传播。共同的创造，平等的参与传播，使网上的流行语具有更彻底的约定俗成性。（汤玫英，2010：135）

创新说：

……而“语言发展者”（特别是青年人）永远不会理会语言规范者的良苦用心，他们总是按照自己的方式发展语言，他们对社会的发展很敏感、对新的社会现象的发生概括能力很强、对新的高科技的发展充满好奇，对新的语言（词汇、语音）有创新的强烈愿望，因此，他们按照社会交际的需求，按照自己的方式不断更新语言。（徐莹，2006）

经济说：

网络语言中，如用 MSN 和 QQ 交流，需要键盘输入，这就需要一定的速度，例如用“886”来代替“拜拜了”（如用拼音输入，要敲 8 个字母，baibaile），显然方便得多。（徐莹，2006）

当然，除了以上几个原因外，还有计算机的快速发展（网速越来越快），计算机的普及（网民越来越多），书写方式的改变（打字代替了用笔写字）都是直接或间接产生网络词的温床。

二　网络词语的定义

我们这里简单介绍网络词语的定义和表现形式。下面是各位学者对网络语言的理解和定义：

网聊的一个明显的标记就是网络用语，也称为“网络语言”，由于网络用语简洁、输入快捷、上传方便、生动活泼、含蓄幽默，深受网民喜爱。网络用语是网民在网聊中创造和发展起来的，其生命就是在应用，如果某个网络词没人再用了，那么这个网络词也就“死”了。在网聊中，掌握网络用语的多少是判别你是否是“菜鸟”（新手）还是“老猫”（老手）或“大虾”（大侠）的一个重要标记。（徐莹，2006）

网络语言“起初多指网络的计算机语言，也指网络上使用的有自己特点的自然语言。现在一般指后者”。（于根元，2001：2）

网络语言由于是个新生事物，现在对它的概念定义众说纷纭。简单地说产生于网络、使用于网络的语言，被称之为网络语言。总的来说，有五种语言产生于网络。第一种，和互联网有关的专业术语，例如：登陆、主页、病毒、域名；第二种，网络新闻使用的语言；第三种，网络文学使用的语言；第四种，网络聊天室、各种即时聊天工具以及论坛中使用的语言；第五种，电子邮件以及网络延伸出来的手机短信语言。（张云辉，2010：4－5）

网络对语言的影响不仅仅是出现了一些网络词语，而且出现了以词语使用为主要特点的网络语言。网络语言最初多指网络计算机语言，同时也指网络上使用的有特点的自然语言，本书即指这个意义，而且特指网络上有特点的汉语。（安志伟，2012：4）

简单地说，网络词语是人们在网络上使用的“词”和“语”。当有些网络上产生和流行的网络词语“过于强大”，也有可能演化为一般词语。

三　网络词语的表现形式

从网络语言的表现形式看，网络用语大致可以分为数字、字母符号和文字三种（徐赳赳，2010：192）。见下例［例（1a－b）中画线部分是数字，例（1c－d）中画线部分是字母词，例（1e－f）是文字。句子后括号内的词是指大概的意思］：

（1）a	发票弄丢了。。。。55555（呜呜呜，哭声）
b	回复保监会某某：55555 要给人家垫底去了还得冒着酷暑这啥世道啊。不能没斗志啊，跟他们拼，不用怕，都是所罗门群岛，没什么。宁可战死，不能吓死。（同上）
c	什么时候客服MM 上场啊（美眉）
d	装修队施工他们不在现场跟进，tmd，放完线就跑人，等装修好后才来上设备，结果有出入，挪位置，就悲剧了（他妈的）
e	他们也靠这个吃饭的，但是要是真的碰见骗子，神马都没用啊！（什么）
f	错了，偶的明天有个付利息（我）

四　网络语言的特征

焦桓生等（2013：73）总结了网络语言的特征：

1. 符号性。网络语言的符号性是其最突出的特点之一。符号化使得网络语言表义简洁清晰，且具有形象化的特征，在网络环境中使用方便快捷。

2. 非正式性。由于网络语言的最初使用场合是网络环境，并非正式严肃的场合，就决定了其内容和形式的非正式性。加上符号化特征，不属于正式、规范的现代汉语，更是放大了非正式性的特征。

3. 时效性。每一年都有年度最受欢迎的网络流行语，它们的出现、快速传播以及大量使用都与当时的社会热点事件或人们特定心理有关。每年网络流行语不同，其更新换代的速度快于其他类型的已有固定含义和使用范围的网络语言。

4. 娱乐性。与其他类型的网络语言多是以简洁的符号来方便快捷地表达特定的含义不同，网络流行语的产生更多地是网民出于娱乐的需要，用来增加交流的乐趣。

5. 批判性。多数网络语言是出于实际操作的需要而将符号赋予特定含义以方便网络中的交流，而网络流行语多是由于网民对现实生活中人事有看法而进行的另类表达，显示出网民们对社会生活的观照，体现出强烈的舆论监督性和现实批判性。

网络语言确实有自己的特点，我们可能每天都在使用这种语言。本项研究的任务就是向人们展示网络语言的本质特征。

本章主要讨论网络聊天中语言的使用频率和特点。

第二节 网络聊天中网词频率分析

网络聊天是网络语言的一种。讲到“聊天”，我们通常会想到日常面对面聊天，网聊跟传统的口语聊天有所不同。我们提到过，网聊有传统会话的特点，也有书面语的特点，更有新的特征。描写、探讨和分析网聊语言使用的特征，就是本项研究的主要目的。简单来说，网络聊天指的是人们通过网络跟熟悉或不熟悉的人进行非面对面的语言沟通。

汤玫英（2010：序言）认为，网络语言的一个特点是“有错别字，缺少标点”，但“简洁明快”：

> 2009 年暑假，上中学的儿子与我的好友的儿子通过网络聊天。过了一会儿，儿子去接一个电话，我趁势冒充他与对方聊了起来。可没聊几句，对方就打出一行字“你不是我哥哥?”
>
> 我问：“为什么?”对方说：“语气不一样。”我翻看一下前面的聊天记录，很快发现为什么我露馅了。对方先问：“在?”儿子答：“恩”这一问一答，极其简洁明快，不但有错别字，而且缺少标点。而我的邀请“有时间的话来家里玩吧”，换做儿子可能说成“来玩?”就足够了。我深深感到“偶”在网络语言方面真是“OUT”了。

汤玫英（2010：引言）讲的是网络聊天的一个特点。网词的使用也体现了网络语言的特点，下面看一下网聊中网词的使用频率情况。我们先把语料中的网语摘出，再看一下前十个网语的使用频率。

一 语料 1 中的网词和高频词

语料 1 中收集到的网络词如下。这里需要说明的是，数字词字母词（不分大小写，例子中一律小写）在前，汉字在后，汉字按拼音排序（下同)：555（10），9494（5），ing（38），mm（41），矮油（2），爱粉们（2），白白（6），杯具（1），悲催（9），大侠（3），滴（40），屌丝（39），东东（11），粉丝（3），给力（19），灌水（4），灰常（3），坑爹（10），恐龙（4），扣扣（3），楼上（26），雷人（1），冒泡（13），妹纸（13），木有（83），内牛满面（3），女孩纸（2），女汉纸（2），偶（26），拍砖（4），潜水（18），神马（24），帅锅（4），亚历山大（5），有钱淫（9），宅（16），肿么（9）。

语料1的前10个高频词是：木有，MM（mm），滴，屌丝，ing，楼上，偶，神马，给力，潜水。

表4－1是前10个高频词的具体分布：

表4－1　语料1网络语的使用频率

顺序	网络词	频次	频率（%）
1	木有	83	23.45
2	mm	41	11.58
3	滴	40	11.29
4	屌丝	39	11.02
5	ing	38	10.73
6	楼上	26	7.34
7	偶	26	7.34
8	神马	24	6.78
9	给力	19	5.37
10	潜水	18	5.08
总数		354	100

二　语料2中的网词和高频词

语料2中收集到的网络词如下：md（7），nnd（20），tnnd（10），奥特（9），杯具（3），悲催（5），波霸（2），蛋疼（3），滴（10），屌丝（27），东东（3），赶脚（6），粉丝（1），坏银（2），基情（4），坑爹（7），苦逼（6），毛（105），貌似（46），米国（4），墨迹（4），木事（3），木有（27），尼玛（9），女汉纸（1），女神（142），人肉（10），

桑心（1），碎觉（8），小窗（6），宅（26），肿么（2），捉急（1）。

语料 2 的前 10 个高频词是：女神，毛，貌似，木有，屌丝，宅，nnd，人肉，滴，tnnd。

表 4－2 是前 10 个高频词的具体分布：

表 4－2　　语料 2 网络语的使用频率

顺序	网络词	频次	频率（%）
1	女神	142	33.57
2	毛	105	24.82
3	貌似	46	10.87
4	木有	27	6.38
5	屌丝	27	6.38
6	宅	26	6.15
7	nnd	20	4.73
8	人肉	10	2.36
9	滴	10	2.36
10	tnnd	10	2.36
总计		423	100

三　语料 3 中的网词和高频词

语料 3 中收集到的网络词如下：555（27），88（410），mm（217），tmd（18），爱疯（6），白富美（5），杯具（7），悲催（23），艹（37），草根（1），打酱油（4），大侠（5），蛋疼（16），刀（107），滴（69），碉堡（3），屌丝（19），东东（36），浮云（6），给力（80），粉丝（6），坏淫（2），灰常（4），囧（18），靠（223），坑爹（81），拉风（4），雷人（1），楼上（116），马甲（10），卖萌（3），毛（335），冒泡（10），妹纸（21），木有（135），尼玛（55），尼妹（1），鸟叔（1），屁民（3），潜水（50），切（68），弱爆（2），山寨（37），闪（36），神马（32），筒子们（1），小窗（200），性欲保证（26），淫子（1），有钱淫（8），宅（17），肿么（13），砖家（3）。

语料 3 中前 10 个高频词是：88，毛，靠，mm，小窗，木有，楼上，刀，坑爹，给力。

表4－3是前10个高频词的具体分布：

表4－3　　语料3网络语的使用频率

顺序	网络词	频次	频率（%）
1	88	410	21.53
2	毛	335	17.59
3	靠	223	11.71
4	mm	217	11.39
5	小窗	200	10.50
6	木有	135	7.09
7	楼上	116	6.09
8	刀	107	5.62
9	坑爹	81	4.25
10	给力	80	4.20
总计		1904	100

四　语料4中的网词和高频词

语料4中收集到的网络词如下：555（11），ing（82），p民（2），tm（327），矮油（3），白富美（30），杯具（16），悲催（20），被桑（2），赤果果（5），草根（3），打酱油（8），蛋疼（30），刀（149），吊（59），凡客（3），肥皂（87），粉丝（20），浮云（14），赶脚（49），糕富帅（16），给力（36），菇凉（49），汗（51），毫无鸭梨（4），坏银（13），鸡冻（11），雷人（2），酱紫（15），囧（20），路过（21），毛（341），貌似（202），妹纸（290），墨迹（6），木有（291），乃们（268），尼玛（106），女森（6），女神（1208），飘过（65），情兽们（2），桑不起（4），神马（250），尸胸（3），闪婚（1），童鞋（47），携带（25），研究森（2），忧桑（12），幼齿（4），肿么（73），砖家（6），捉急（22），宅（37）。

前10个高频词是：女神，毛，tm，木有，妹纸，乃们，神马，貌似，刀，尼玛。

表4－4是10个高频词的具体分布：

表 4－4　　语料 4 网络语的使用频率

顺序	网络词	频次	频率（%）
1	女神	1208	35.20
2	毛	341	9.94
3	tm	327	9.53
4	木有	291	8.48
5	妹纸	290	8.45
6	乃们	268	7.81
7	神马	250	7.28
8	貌似	202	5.89
9	刀	149	4.34
10	尼玛	106	3.09
总计		3432	100

五　语料 5 中的网词和高频词

语料 5 中收集到的网络词如下：555（2），悲催（1），菜鸟（2），打酱油（8），大侠（5），东东（5），粉丝（2），路过（7），偶（19），飘过（5），肿么（2），砖家（2），宅（4）。

前 10 个高频词是：偶，打酱油，路过，大侠，东东，飘过，宅，555，菜鸟，肿么。

表 4－5 是 10 个高频词的具体分布：

表 4－5　　语料 5 网络语的使用频率

顺序	网络词	频次	频率（%）
1	偶	19	32.20
2	打酱油	8	13.56
3	路过	7	11.86
4	大侠	5	8.47
5	东东	5	8.47

续表

顺序	网络词	频次	频率（%）
6	飘过	5	8.47
7	宅	4	6.78
8	555	2	3.39
9	菜鸟	2	3.39
10	肿么	2	3.39
总计		59	100

六　语料6中的网词和高频词

语料6中收集到的网络词如下：蛋疼（1），屌丝（8），黑莓（4），灰常（2），扣扣（8），卖萌（4），冒一泡（2），貌似（3），妹纸（2），木有（24），偶（16），飘过（4），神马（2），宅（2）。

前10个高频词是：木有，偶，屌丝，扣扣，黑莓，卖萌，飘过，貌似，妹纸，神马。

表4－6是10个高频词的具体分布：

表4－6　语料6网络语的使用频率

顺序	网络词	频次	频率（%）
1	木有	24	32.00
2	偶	16	21.33
3	屌丝	8	10.67
4	扣扣	8	10.67
5	黑莓	4	5.33
6	卖萌	4	5.33
7	飘过	4	5.33
8	貌似	3	4.00
9	妹纸	2	2.67
10	神马	2	2.67
总计		75	100

从上面六个语料使用网词的情况看，每个语料所用的网词并不相同，总的看是语料字数多的，使用的网词就多些。从每个语料的前十个高频使用词看，每个语料也都不同。这说明网词的使用有很大的随意性。

表4-7显示网词在语料1—6中的分布（所有出现的词，不仅仅指高频词）：

表4-7　　网词在语料1—6中的分布

同时出现在几个语料中	实　例
6	宅（1例）
5	木有，肿么，悲催，粉丝（4例）
4	555，杯具，蛋疼，东东，屌丝，妹纸（6例）
3	打酱油，大侠，滴，给力，灰常，坑爹，毛，貌似，妹纸，尼玛，偶，飘过，砖家（13例）
2	ing，mm，矮油，白富美，刀，赶脚，囧，扣扣，路过，卖萌，冒泡，墨迹，女神，潜水，浮云，女汉纸（16例）
1	88，9494，md，nnd，p民，tm，tmd，tnnd，爱粉们，爱疯，奥特，白白，波霸，菜鸟，艹，赤果果，碉堡，吊，凡客，肥皂，糕富帅，菇凉，灌水，汗，毫无鸭梨，黑莓，坏淫，鸡冻，基情，酱紫，靠，恐龙，苦逼，拉风，马甲，冒一泡，米国，木事，内牛满面，乃们，尼妹，鸟叔，女孩纸，女森，拍砖，屁民，切，人肉，弱爆，桑不起，桑心，山寨，闪，尸胸，帅锅，碎觉，童鞋，携带，性欲保证，亚历山大，研究森，淫子，忧桑，幼齿，被桑（65例）

表4-7显示，同时在6个语料中都出现的网词，只有1例；同时出现在5个语料中的有4例；同时出现在4个语料中的有6例；同时出现在2—3个语料中的大致相当，分别是13例、16例；只在一个语料里出现的有65例，占绝大多数。

造成这种分布可能跟不同语料所讨论的主题有关，也可能跟聊天群的参与者使用网词的兴趣有关。

第三节　网词的使用情况

这节讨论在我们语料中出现的几种使用情况：粗俗词在网词和口语中的使用，同一所指用不同的网词，网词和一般词同时用，部分网词开始进入日常用语的领域，不断变化中的网词等方面。

一　粗俗词在网词和口语中的使用

下面是人民网舆情监测室应用“微指数”对网聊中粗俗词使用情况的调查结果。

根据人民网舆情监测室应用“微指数”进行的数据抽样显示。在新浪微博上，19—24岁的年轻女性成为使用网络低俗语言的主流。另一方面，由于微博的用户群中，76%拥有高等学历，结合网络低俗语言使用者19—24岁人群的特性，可以推断网络低俗语言使用者的主体人群为在校大专/本科学生群体。

（摘自人民网舆情监测室）

排名	网络词	男性	女性
1	尼玛	45%	55%
2	屌丝	39%	61%
3	逗比	34%	66%
4	砖家/叫兽	-/40%	-/60%
5	艹	-	-
6	你妹	34%	66%
7	装逼	-	-
8	草泥马	-	-
9	我靠/我擦/我屮艸芔茻	23%/34%/-	77%/66%/-
10	妈蛋	-	-
11	逼格	30%	70%
12	他妈的/特么的	-	-
13	撕逼	31%	69%
14	滚粗	-	-
15	蛋疼	51%	49%
16	小婊砸	36%	64%
17	傻X	-	-
18	跪舔	-	-
19	绿茶婊/心机婊	47%/32%	53%/68%
20	碧莲	42%	58%
21	碧池	34%	66%
22	土肥圆	-	-
23	你妈的/你M的	-	-
24	矮矬穷	54%	46%
25	焚蛋/坟蛋	-	-

数据来源：新浪微博微指数。

从网络低俗语言的传播和使用看，网络低俗语言主要呈现出任意化发布、趋利化传播、个性化张扬、讥讽化表现的特性。一些网络低俗语言进一步成为网络中语言暴力实施的工具，更有一些则在网络语境中由“詈骂”功能转向低俗粗鄙的“戏谑”功能。从网络低俗语言的构型来看，主要与性、身份、品行、生理缺陷、智力、能力缺乏等相关。一般而言，对女性器官的直接表述，被视作女性的歧视，然而对新浪微博平台的数据统计显示，涉及女性器官/女性歧视的“你妹”“绿茶婊”“碧莲”“碧池”等，19—24岁的青年女性网民中使用尤其明显。由此推断，社会文化对女性语言更应温婉的约束，在互联网匿名性、虚拟性的特点面前失去作用。当然，必须要承认的是，一些詈言在网络传播中，其侮辱性、谩骂性的表述淡化，反而被用在亲情、友情以及爱情关系中，有了亲昵的含义。例如“心机婊”在一些特定语境中表现为对女性情商高的评价。

值得注意的是，网络低俗语言反映了语言应用的现实约束和网络空间的相对自由。学者朱大可指出“一旦面对不同意见，就会本能地仿效官员、老师、家长和警察，采用激烈方式进行回击，用各种高强度的秽语，殷勤问候对方及其母亲及其祖宗，由此制造激烈的口水暴力。”在互联网的语言使用中，低俗语言暴力的社会危害性最为突出。无论打开贴吧，还是微博，在时事热点的网民评论中，随处可见侮辱性词语，这些评论并不提出与事实辩驳的论点，也不以逻辑为根本。可以看作是在互联网的虚拟空间中，部分网民将自己的现实压力、生活不满转变为恶意中伤的暴虐释放。

当然，这样的低俗、谩骂性表达在一定程度上表达了网友对某一种社会现象的不满，但这样的“暴力”表达并不能与具有建设性的批评语言和意见等量齐观。正如《解放日报》所说：“批评的价值在于其合理性与建设性，一味诋毁、肆意谩骂除了助长戾气、制造对立，于问题的解决没有半点益处”。网络语言的出现是社会的进步与活力的体现，但过滥应用和低俗趋势也会造成意义、价值和规范的流动化和无序化。

（《语言春秋》，2016 年 4 月 11 日访问：
http：//www. wtoutiao. com/p/123Fpfa. html）

“人民网舆情监测室”和《语言春秋》研究的是男性和女性在使用粗俗网词的多少。我们的语料中无法确认网聊者的性别，所以无法印证这项研究的结果。

从我们六个语料的前十个高频词看，出现几个疑似粗俗词：尼玛、tm、nnd、tnnd、屌丝。

如果跟日常口语相比，从另一个角度看，我们的语料显示，在网聊中，参与者有时不用口语中粗俗的词，而是采用比较隐晦的词来代替。下面看几个我们语料中见到的例子：

用“尼玛”来代替“你妈”。

用“p 民”来代替“屁民”，也就是“无权无势的小老百姓”。

用字母词“md，nnd，tm，tmd，tnnd”来代替“妈的，奶奶的，他妈，他妈的，他奶奶的”等词。

用“艹”来代替“操”。

用拼音“qiu”来代替“球”，如“维权有个qiu用”。

当然我们这里讲的是部分的情况，我们偶尔也能看见这样的表达：“妈的，1秒内所有商品被秒完，没有外挂不可能吧!!!!”（画线的“妈的”我们这里看作粗俗词。）

二　同一所指用不同的网文

在语料中我们发现一个现象，基本相同意思的两个或几个“网词”同时在用。看几个实例：

1. “女汉子”和“女汉纸”

如表达“行为举止不拘小节、性格开朗直爽、心态乐观、能扛起责任，在生活中比较有气场”的女性，可以有不同的表达，常见的有“女汉子”“女汉纸”“女汗子”。“女汉子”用得比较普遍，可以看成网词，也可以看成新词。“女汉纸”基本在网络中使用。

2. “女神”和“妹纸”

“女神”原指女性的神明或至尊。神话中的女性神仙。网词中，一般指对喜欢的女性的一种赞美性的称呼。“妹纸”也是对女性的一种称呼，“百度知道”认为：“妹纸。源自湖南、河南话‘妹子’的谐音。从2011年初1月左右开始出现。它的出现可能跟‘肿么了’‘有木有’这类的谐音话语有关系。简单的说就是网络上一种说法而已”（baidu. com，2016年1月13日访问）。

我们的语料显示，“女神”和“妹纸”也是交叉使用，在表达意思上没有明显的区别，只是用“女神”的比例更高。

三　网词和一般词同时用

我们也看到这种现象，网词和一般词同时使用。看一下两个实例：

1. “杯具、悲催”和“悲剧”

“杯具、悲催”我们看作是网词，“悲剧”我们看作是一般词。“杯具”通常理解就是“悲剧”的另一种写法，“悲催”跟“杯具”表达的意思相近，“百度作业帮”对“悲催”的解释是：“起源不明。从字面上看悲惨得催人泪下，表示不称意，失败，伤心，悔恨等，和众多网络词汇一样带有较强的戏谑意味，和‘杯具’意思相近，略有区别。和所有的网络词汇一样，带有几分诙谐戏谑的意味在，主要靠意会”（zybang.com/，2016年1月13日访问）。我们语料显示的是“杯具”出现27例，“悲催”出现58例，“悲剧”出现67例。这个例子显示，一般词和网词同时在用，在数量上一般词超过网词。

2. “妹纸”和“妹子”

我们把“妹纸”看作是网词，把“妹子”看作是一般词。我们的语料显示，“妹纸”共出现326例，“妹子”出现615例。这个例子跟上面谈到的“杯具、悲催”和“悲剧”的例子一样，在使用数量上也是一般词超过网词。

四　部分网词开始进入日常用语的领域

随着网络的普及，网速加快，原来电脑里的很多功能现在在手机里也能实现了，还有微信等新的App出现，这给网聊提供了更为便捷的使用条件。随着网聊越来越普及，有些网词开始进入普通大众的日常用语中。下例“根叔”（李培根校长）的演讲，已经展示了网语的魅力（徐赳赳，2018：第3章）：

（2）	…… 我知道，你们还有一些特别的记忆。你们一定记住了“俯卧撑”、“躲猫猫”、“喝开水”，从热闹和愚蠢中，你们记忆了正义；你们记住了“打酱油”和“妈妈喊你回家吃饭”，从麻木和好笑中，你们记忆了责任和良知；你们一定记住了姐的狂放，哥的犀利。未来有一天，或许当年的记忆会让你们问自己，曾经是姐的娱乐，还是哥的寂寞？ …… 亲爱的同学们，也许你们难以有那么多的记忆。如果问你们关于一个字的记忆，那一定是“被”。我知道，你们不喜欢“被就业”、“被坚强”，那就挺直你们的脊梁，挺起你们的胸膛，自己去就业，坚强而勇敢地到社会中去闯荡。 亲爱的同学们，也许你们难以有那么多的记忆，也许你们很快就会忘记根叔的唠叨与琐细。尽管你们不喜欢“被”，根叔还是想强加给你们一个“被”：你们的未来“被”华中大记忆！

2010 年 6 月 23 日，在华中科技大学光谷体育馆，7780 名本科毕业生参加毕业典礼，人数之多全国罕见，被称作“最牛毕业典礼”，在这个毕业典礼上，华中科技大学校长李培根作了自己亲自写的名为“记忆”的演讲。据说李培根院士 16 分钟的演讲，被掌声打断 30 次。全场 7700 余名学子起立高喊：“根叔！根叔！”例（2）就是其中的几个段落。

李培根的演讲，为什么会这么引起共鸣，有各种原因。其中一个原因，就是李校长的演讲拉近了校长和学生的距离，采用的方法之一，就是引用了学生热衷的“网络语言”。在 2000 余字的演讲稿中，李培根把 4 年来的国家大事、学校大事、身边人物、网络热词等融合在一起。“俯卧撑、躲猫猫、打酱油、妈妈喊你回家吃饭、蜗居、蚁族、被就业、被坚强”……都是李培根演讲中出现的词汇。

李培根跟约八千本科毕业生属于两代人。在李培根的年轻时代还没有电脑，更没有“网络语言”。李培根知道，要讲实话，不要讲套话。要取得学生的信任，就要把自己置身于青年之中，了解他们的思想，了解他们的爱好，了解他们的生活方式，根叔把青年一代所热衷的网络语言用得如此自然，如此得体，确实引起了约八千学生的共鸣，他们把李培根看作是了解自己的人，用 30 次自发的掌声表达“认同”的情感。这就是李培根演讲的成功之处。

例（2）讲的是日常用语中，人们在使用网词的例子，实际上，在正式报纸和正式网站上，也有使用网词的例子。

如果拿官方报纸、网站报道、网络聊天这三个方面对新词的接受度来比较的话，据我们观察，《人民日报》是典型的官方报纸，用词规范、严谨，接收新词比较谨慎；网站报道比《人民日报》灵活些，对新词接受度相对比较高；网聊最为活泼，不但包容新词，而且不断创造新词（网词）。如以“严谨”和“活泼”作为两级的，《人民日报》最为严谨，网站报道居中，网络聊天最活泼，见图 4－1：

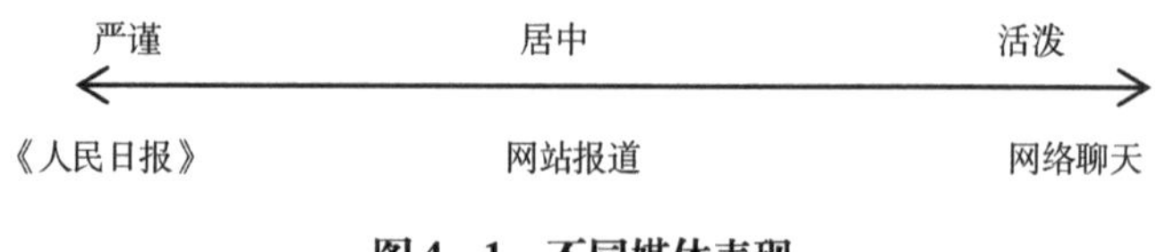

图 4－1　不同媒体表现

当然，图4－1是我们一般的感觉，《人民日报》也并非完全把网词拒之门外，我们也见到“网词”“网句”进入《人民日报》的例子。

(3) a

流行语“给力”登上《人民日报》头条标题引发热议（图）

http：//www.sina.com.cn　2010年11月11日03：09　山东新闻网—山东商报

http：//readmeok.com/new/fangzheng/shdshb/html/2010－11/11/content_209185.htm

人民日報
RENMIN RIBAO
中共中央、中央军委向朝方致唁电
江苏给力“文化强省”
吴邦国会见印尼副总统布迪奥诺
温家宝与英国首相卡梅伦会谈
结束阿曼之行抵达阿斯塔纳
贾庆林与哈萨克斯坦议会下院议长会谈
中国作协第五届鲁迅文学奖在绍兴颁奖
习近平会见俄罗斯国防部长
拥抱传递“中国温度”
中办国办印发《关于加强和改进城市社区居民委员会建设工作的意见》

《人民日报》版面截图

续表

	网络热词“给力”登上《人民日报》头版头条。11月10日，《人民日报》头版头条标题《江苏给力“文化强省”》让不少人有些“意外”。一向以严肃严谨著称的《人民日报》采用如此“潮”的标题，立刻引发如潮热议。有网友将这一标题截图发布在微博（http：//t. sina. com. cn）上后，网友纷纷大呼“标题给力”。记者　高家涛 网络热词上党报 这篇文章引题为“改革攻坚迸发动力政策创新激发活力厚积薄发释放能力”，文章约3200多字，主要以上面三个方面为经验介绍了江苏从“文化大省”向“文化强省”的华丽转变。与很“潮”的标题相比，文章中并没有提到“给力”这个词。 “给力”，音 gěi lì，原本属于网络语言，最早出现于日本搞笑动漫《西游记：旅程的终点》的中文配音版，属于东北方言和日语的混合产物，意思类似于“牛”、“很棒”、“酷”，常作感叹词用。另外，在实际使用中也可加一个否定前缀，如“不给力”，表示某个事件或某个人带给自己一种很失望的感觉。 另一种说法是，“给力”一词是从闽南话演变过来的，意思为很精彩、很棒的意思。 2010年，“给力”一词流行起来，并在世界杯期间被网友广泛使用，还有网友根据“给力”造出一个新的英文单词——ungelivable（不给力）。 不少网友称“意外” 像以前的“囧”等网络热词一样，“给力”原来只属于网民的“自娱自乐”，这次登上《人民日报》头版头条，立刻引发热议。仅在新浪微博，截至昨天晚上20：00，这一消息就被转发了数千次，评论近千条。大多数网友都对此表示意外，有人大呼“今天的《人民日报》很给力!”。 在感到意外之余，不少网友表示，《人民日报》采用网络新词是顺应网络潮流，亲近网民的表现。 此前一天，也就是11月9日，《人民日报》刊发南京市委宣传部部长叶皓题为《网络时代堵信息不现实》的文章。其中谈到：“各级领导干部要高度重视网上舆情，将亲自上网、了解舆情作为每天上班的必备功课。”有评论认为，“既然领导干部都已上网了解舆情了，那作为党委的机关报《人民日报》活用网络词汇，无疑是顺应了这个趋势，无形之中也是鼓励与赞同。”

续表

	有人质疑用错了 不过，也有网友认为，《人民日报》如此用“给力”令人费解，因为通常情况下，网友将“给力”用作形容词或感叹词，“给力文化强省”似乎不通。网友“李蓬”在微博上表示：我请教各位网友：在网民使用这个词时，是当形容词用，还是当动词用？《人民日报》当什么词用了？是否合适？ 还有人为《人民日报》的头版编辑“担心”，有网友说，不知道编辑检查写起来是不是“给力”。对此，《人民日报》视点新闻版主编何炜在其微博中回应称：“顾虑很给力，不过神马都是浮云……” （《Sina 新闻中心》2016 年 1 月 15 日访问：http：//news. sina. com. cn/c/p/2010 - 11 - 11/030921450560. shtml）
b	网络经典句式“元芳，你怎么看？”登上《人民日报》 来源：《人民日报》2012 年 11 月 05 日 04：26 【导读】“元芳，你怎么看？”这句追问近来走红网络，成为公众表达诉求和质疑的经典句式。 原标题：“回应”：互动中筑牢信任的基石（人民论坛·我们这十年） “元芳，你怎么看？”电视剧《神探狄仁杰》中主人公的这句追问近来走红网络，成为公众表达诉求和质疑的经典句式。 十年来，随着公众参与意识、表达意识、监督意识的增强，对各级管理部门来说，类似的提问并不陌生。无论分配制度改革，还是柴米油盐价格；无论房屋拆迁政策，还是化工厂选址方案……对于这些问题，人们不仅想了解党政部门“怎么看”，更想知道接下来“怎么办”。 （《UC 咨询中心》2016 年 1 月 14 日访问：http：//ucwap. ifeng. com/news/my-dc/news？ aid = 46367992&stt = cpz_newsnext&p = 1）

例（3a）是使用网词“给力”的例子，例（3b）是使用“网句”“元芳，你怎么看？”的例子。网络词句进入《人民日报》，引起各种评论，《人民日报》使用“网词、网句”成为“新闻”，“引发热议”，甚至“感到意外”，并有人认为“用错了”。这从一个侧面说明《人民日报》对使用新词，特别是网词的使用一直非常谨慎。我们认为，《人民日报》

使用网词，是想展示自己开放的一面。汤玫英（2010：150）探讨了网语被传统媒体应用的原因：

> 网络语言天然会被网络媒体运用，这源于他们是共同的使用者，而网络语言被传统大众媒体运用，例如报纸和杂志越来越多地在行文中使用典型的网络语言，使其慢慢渗入社会，融入普通大众的日常用语中，却反映了传统大众媒体怕被社会孤立的恐惧。

上面讲的是新词网词进入传统媒体的情况，那网词是否能进入词典，这是更为慎重的问题，徐莹（2006）对此有讨论：

> 记者：语言使用规范的标准是什么？
>
> 徐：中国社会科学院语言研究所编的权威字典《现代汉语词典》等都是语言使用的规范标准之一（国家语委也出了一些规范的标准），但标准并非一成不变的，语言发展了，标准也会改变。最新出版的《现代汉语词典》是第5次修订版，据说语言所准备每5年修订一次，看来词典也得根据社会的发展和语言的发展不断修订。《现代汉语词典》是否收入“斑竹”“菜鸟”“粉丝”等词，要看其生命力的强弱和长短、应用的普遍性等因素（这可能也是规范的内容之一）。

过了6年，2012年《现代汉语词典》（简称《现汉》）第6版出版，在2006年徐莹提到的三个网词“斑竹”“菜鸟”“粉丝”中的“粉丝”，已收入该词典，见下条目：

(4)	【粉丝】[1] fěnsī 名 用绿豆等的淀粉制成的线状食品。 【粉丝】[2] fěnsī 名 指迷恋、崇拜某个名人的人：这位歌星拥有大批～。[英 fans]

“粉丝”有两层意思，一是传统的“粉丝”意思，二是“网词”所表现出来的意思“指迷恋、崇拜某个名人的人”。

除了“粉丝”外，还收入了其他网词：“《现代汉语词典》2012 年第 6 版收录了雷、宅、草根、粉丝、闪婚等网络热词，同时拒绝了剩男、剩女等歧视词汇”（祝华新，2015：6－9）。见下条目：

（5） a	雷 léi ❶ 名 云层放电时发出的响声：打～|春～。❷ 军事上用的爆炸武器：地～|水～|鱼～|布～|扫～。❸〈口〉动 使震惊：～人|他的荒唐建议～倒了在座的专家。❹（Léi）名 姓。 （《现代汉语词典》第 6 版：785 页）
b	宅 zhái ❶ 住所；住宅：家～|深～大院。❷ 动 待在家里不出门（多指沉迷于上网或玩电子游戏等室内活动）：～男|～女|你也出去走走，别总是～在家里。 （《现代汉语词典》第 6 版：1633 页）
c	【草根】cǎogēn 名 ❶ 草的根部。❷ 指平民百姓；普通群众：～文化|～阶层。 （《现代汉语词典》第 6 版：129 页）
d	【闪婚】shǎnhūn 动 指刚认识不久就很快结婚。 （《现代汉语词典》第 6 版：1133 页）

《现汉》开始收入网络词，就像 1996 年出版的《现汉》修订本开始收入字母词一样，充分显示了《现汉》主编“接地气”的学术眼光。实际上，有些反映“现代”的汉语“热词热语”已经收入了美国在线俚语词典：

> “no zuo no die”（不作死就不会死）等一批汉语“热词”“热语”（网络流行语）作为汉源俚语被收入美国在线俚语词典 *Urban*

Dictionary（《城市词典》），这些具有“汉语腔”的英语俚语引起世界大媒体广泛关注。

（教育部语言文字信息管理司组编，2015）

我们回来再看《现汉》第6版的这五个网词，在本项研究的语料里出现频率怎么样呢，见下表：

表4－8　　收入《现汉》的5个网词分布

语料	宅	粉丝	雷（人）	草根	闪婚
1	16	3	1	0	0
2	26	1	0	0	0
3	17	6	1	1	1
4	37	20	2	3	1
5	4	2	0	0	0
6	2	0	0	0	0
总计	102	32	4	4	2

如果从我们语料的高频词来看，“宅”在六个语料中都出现，出现频率比较高，有102例。“粉丝”第二，有32例。其他三个词频率就很低了。《现汉》第6版是2012年出版，我们的语料是2014年前后收集的，时间应该差别不大。如果从词频来看，《现汉》好像没有把词频作为收入这几个网词的主要标准，具体收入标准还不清楚。

五　不断变化中的网词

网词的特性是不稳定，这是常识。网词处于不断变化之中，有些网词可能会“消亡”（没人用了），有些新网词会不断产生。“凯里人论坛”有一篇“‘90后’也看不懂的‘00后’黑话”很能说明这种现象：

“90 后”也看不懂的“00 后”黑话
（不知道这些新词语，后果很严重）

吃藕

chi ou =吃藕=丑

➤ 例句：被老板忽悠剪了个吃藕的发型

吃土

特别穷，没钱吃饭，只能吃土了。

➤ 例句：双十一过后恐怕连土都吃不起了

方

方＝慌，表示慌张。

➤ 例句：要出成绩了，我好方。

糊

形容网红过气，事情失败等。

➤ 例句：你家爱豆都要糊到地心了...

扩列

扩充好友列表的简写，意为交朋友。

➤ 例句：面基成功，求扩列。

狗带

狗带 = go die，表示去死。

➤ 例句：这节课太无聊了，我选择狗带。

实力

完全的意思，呵呵哒的讽刺形容词。

➤ 例句：考试成绩实力打脸。

滑稽

某度贴吧著名泡泡表情，画风清奇，含义给你们个眼神，自行体会。

➤ 例句：是时候展现真正的滑稽了。

6666

谐音“溜溜溜溜”，指“牛X”“很赞”视语境也可能是讽刺意。

➤例句：刚那人一口气吃掉十个包子，6666

欧洲人

脸白，指想要什么就能得到什么。

➤ 例句：本欧洲人脸白就是自信。

（《凯里人论坛》，2016 年 1 月 13 日访问：kailiren. net/thread - 78357 - 1 - 1. html）

第四节　结语

本章简要回顾了网词产生的原因、定义等。主要讨论了六个语料使用的频率和特点：网词出现的情况，每个网词出现的次数，还有每个语料的前 10 个高频网词，并统计了高频网词的比率。在分析中我们发现，还有一些词可看作是“前网词”，如“尼妹，鸟叔，筒子们，淫子，宅人”等，这些词只出现一次，我们暂时未把这些词看作是网词，但从这些词的使用及意思显示，从中我们可以看到成熟网词的影子，也就是说，这些词可能是临时从成熟的网词中延伸出来的。

通过网词的分布表，我们看到，每个语料出现的网词都有自己网聊群中使用较多的一批网词。研究显示，只有一个网词“宅”同时在六个语料中出现；在五个语料中都出现的网词只有四个“木有、肿么、悲催、粉丝”。只在一个语料中出现的有 65 个网词。这个结果显示，每个网聊群使用的网词比较分散，原因可能与网聊群讨论的话题有关，也可能跟网民的年龄有关。

本章我们讨论了网词使用的几个特点：用隐晦的词来代替粗俗词这

一情况可能的原因是网民不想给人一种不讲礼貌的印象；不同网词的同时使用，这种情况跟一般词中同义词相仿；基本同义的网词和一般词同用的现象说明，在网聊中并非全用网词，这里举出的两个例子（“杯具、悲催”和“悲剧”，“妹纸”和“妹子”）中，使用比率反而是一般词超过网词；网词被一般媒体吸收，并有网词进入我国权威词典《现代汉语词典》，说明了网词的渗透性很强；“90后”都读不懂“00后”的网词，说明网词确实更新很快，“不知道这些新词语，后果很严重”。

第五章

词法分析：语码、方言与活用

第一节　引言

沈瑛（2014）认为：早在400多年前，汉语中就有了外来词汇进入的语言现象，当时被人们称为“广东英语”，或是之后所谓的“洋泾浜英语”。自1750年到1842年，在中国广东、香港、厦门、福州等地，为了和英国人进行贸易往来，中国式英语非常流行。20世纪20年代末至30年代，在上海知识分子阶层，语码混用的语言现象很流行。钱锺书、傅雷、鲁迅及郭沫若的文学作品中都有使用英文词汇的现象。郭沫若的诗歌作品《上海的早晨》《天狗》等，多次出现英语词汇。钱锺书《围城》中，男主人公方鸿渐有好几番话是汉英夹杂使用的典型例子。如：“Sure！值不少钱呢，plenty of dough。并且这东西不比书画。买书画买了假的，一文不值，只等于waste paper。瓷器假的，至少还可以盛饭。我有时请外国friends吃饭，就用那个康熙窑‘油底蓝五彩’大盘做saladdish，他们觉得古色古香，菜的味道也有点oldtime。”

本章讨论网聊话语使用中出现的三种情况：①“语码”，这里指的是语码转换（code-switching）：两种以上语言（方言等）混用现象。本章讨论的仅限于网聊中的“汉语”和“英语”混用现象，汉语是主体语言（matrix language），英语是嵌入语言（embedded language）。②“方言”，这里指的是网聊中所用的带有方言特征的词语。③“活用”，这里指的是词类活用的现象，表现形式是原属于某个词类的词，临时用作其他词类的词。本书讨论网聊中词类活用的现象。

第二节　语码转换

一　语码转换的几种表现形式

（一）汉语的句子中夹了英语

在我们的语料中，汉语的句子里插进一两个英语的语码转换形式很常见。见下例：

（1）a	啥事儿 involve 了我啊?
b	家里有个大 house
c	二套房也 ok 么
d	莫愁这是去哪 happy 啦
e	剧情太 out
f	可以找 angel 啊
g	结果仔细一看，还都是 made in 福建
h	别说 hold 了！拿着苍蝇拍拍都拍不住!!

（二）英语或汉语以注释或译文形式出现

1. 英语以注释或译文形式出现

我们暂且把这些使用方式也看作是语码转换：先是出现汉语词，然后加括号，加上英语词，起到注释的作用，见下例：

（2）a	我在悉尼，NSW 州的。买房的时候要交个印花税 是总房价的 3.45%，以后每个季度要交政府税（council rate）和 每年交地税。就没有什么政府要收的了。你还有承担物业费，水电煤的没有
b	便宜出一台苹果（apple） newipad MC705CH/A 平板电脑（黑色）（16G）有兴趣的来私我全新未拆封
c	埃克森美孚（EXXON MOBIL）449886 44880 美国
d	荷兰皇家壳牌石油公司（ROYAL-DUTCH SHELL）481700 26592 荷兰
e	英国石油公司（BP）388285 11582 英国
f	埃尼石油公司（ENI）167904.5 10008.6 意大利

如果这些例子用日常面对面的口语来表述的话，可能英语就直接出现了，不会有网聊中标出的“括号”。

2. 汉语以注释或译文形式出现

下面是我们语料中见到的例子，是英语在前，汉语在后，虽然汉语没有括号，没有说明是译文，但还是给人一种汉语是注释或译文的感觉：

(3)	【各种“走”】stagger 蹒跚；plod 吃力地走；pace 踱步；loiter 游荡；stride 大步行进；stray 走失；strut 昂首阔步；ramble 漫步；lurk 潜行；creep 蹑手蹑脚；crawl 匍匐前进；stroll 溜达；stumble 跌跌撞撞；trudge 步履维艰；lurch 摇摇晃晃。各位走的状态是？

例（3）中，从上下文分析，推测是“转帖”的，不是作者当时写的。

（三）整个话轮是英语

例（4）是整个话轮都是英语的例子：

(4) a	甲：	一直繁體的好不好 字再小点，别加粗 像我看齐 like this
b	甲：	什么型号 海尔那个什么型号?》
	乙：	watch the Oly games by this TV set?
c	甲：	亚马逊现在都直接K单了
	乙：	over
d	甲：	当时就是Sb都能发财的年代
	乙：	me too
e	甲：	顺延一个工作日呢
	乙：	GOOD MORNING!!!
f	甲：	重庆妹销售，我是抢了一个寄给河北的who，然后再给我快递重庆
	乙：	long long time ago

例（4a）是同一个网聊者，连续上传四个话轮，第四个话轮是英语。例（4b）甲上传了两个汉语话轮，乙上传了一句英语话轮。例（4c－f）都是甲上传一句汉语话轮（可能中间有英语单词），乙上传一句英语话轮。这几个例子显示：①英语的话轮都不长，通常就几个字。②英语连续几个话轮对话的情况很少。我们看到一个有几个连续话轮用英语的例子：

（5）	甲：	watch the Oly games by this TV set?
	乙：	海尔的电视机感觉不咋的
	甲：	Chinese Famous Trademark
	丙：	just so so
		maybe sans
		is good
		especially made in korea
	丁：	please speak chinese

例（5甲）上传了一句英语，乙上传了一句汉语，丙一连上传四个英语话轮，丁虽然上传了英语，但叫大家上传汉语（please speak chinese）。

语料中还见到一例，一个话轮，很长，全部都是英语。转帖的可能性大：

（6）	Dear Sir/Madam, I want to make reservation in your property for 8 VIP guests that wish to spend their vacation with you. Check in ：10th NOVEMBER 2013 Check out ：30th NOVEMBER 2013 DURATION OF STAY：20 Days NUMBER OF GUESTS：8 I wish to confirm the following information with your hotel, They will require 4 double rooms or 4 suites. Please provide the total cost for the entire length of stay including all the applicable taxes if the above dates i mentioned will be available So that we can secure the reservation with the Credit Card details. Your prompt response will be appreciated. Thanks

（四）网址

在语料中我们还发现一种现象，就是上传网址，如下例：

(7) a	http：//news. ifeng. com/world/detail_2013_10/15/30338677_0. shtml
b	http：//edu. ce. cn/xw/201310/16/t20131016_1148566. shtml
c	http：//jiangsu. sina. com. cn/news/s/2013 – 10 – 29/075578031. html
d	https：//www. itouzi. com/law/index. html
e	https：//u. ebank. cmbchina. com/CmbBank_EHome/UI/Home. aspx
f	https：//www. itouzi. com/business_ bonds/index. html

例（7）是网址，读者通过这些网址获取更为详细的信息。因为这些网址跟英语的词汇句子还是不一样，我们这里就暂且不讨论这种现象。

二　嵌入语言在网聊中分布情况

下面我们来看一下六个语料中，作为嵌入语英语的分布情况（表中是统计词和词组）：

表5－1　　语料1英语使用情况

出现次数	英语实例
1	banana，big fun，game over，good morning，hip，seniorplayer shit again，photoshop，logo，thanks a lot，password，i am so sad
2	hello，me too，nice，oh yeah，who，chrome，involve，DIY，gmail，male，like this，game over
3	time lap
4	out，over，google
5	cookie
7	HK
9	PK
11	vs
14	CTO
15	bug
17	POS，PDF
18	yes

续表

出现次数	英语实例
19	PC
22	CEO
31	no
35	VIP
37	cn
45	P2C
74	QQ
76	app
195	P2P
245	OK

表5-2　语料2英语使用情况

出现次数	英语实例
1	bad day today, how to rape, my time is their, anytime, council rate, council fee, strathfield, SOHO, free, happy, no more detail, how do you feel, hold, OEM, myself, forever, PK, only you, coach
2	greenair, GDP
3	EMBA
4	morning, good
5	LV, what, word
6	why, Sony
7	MBA, mini, ugg
9	iphone
10	you
11	house
14	hi
20	no
36	auto

表 5－3　　语料 3 英语使用情况

出现次数	英语实例
1	sales for efficient, mastercard visa, Cadheug, just one, I'm sorry, it's a shame, Jaguar, Conquest, VBA, answer, Roban, Sakura, the new phone, iap cracker, appsync, angel, MEto, you don't know love, far high, where, KUBA
2	netcore, sorry, email, macbook, why, Nike, how much, OTC
3	Lumia, Cydia, admin, coupons
4	root, WPS, ADM, really
5	office, HKC
6	LCD, over, UCC
7	Intel
8	Kindle
9	excel
11	PPR, ITE
12	Samsung
13	HDMI
18	CDMA
19	out
24	Polo, fan
31	thinkpad
33	IPTV, SSD
34	IPTV
36	you
39	CPU
49	APP
50	PK
52	LG
61	vip
63	TCL
65	TF
85	OK
89	sale, LED
100	PS

续表

出现次数	英语实例
115	Iphone
174	Ipad
257	QQ

表 5－4　　语料 4 英语使用情况

出现次数	英语实例
1	toosimple, unistrong, OLAP, Bonne nuit, niubility, PRL, stringtheory, nice match, macchiato, noisy trading, zero sum game, adobe design, wqnmlgb, iwatch, fighting, anyway, adobe reader, chinajoy, really, bridge water, Benz CLS, under qualify, destination, Passat, benchmark, Cathay Pacific, disco dancing, photoshop, north face, moutain hardwear, roseunique, go on, USA Online, coverletter, I am sorry
2	RTK, LBS, mission, noisy trader, loser, so sad, quick sort, person, fans, cool, violence, Timberland, cherry
3	Titan, baby, TMT, double, over qualify, maybe, nothing, idea
4	ATM, vertu, online, bug
6	why
7	Nokia, leader
8	LG, CMCC, SOHO
9	pie
10	EQ, high, roseonly, pass
11	CEO, opcn, SUV, high
12	wind, open, who
13	ipad, low
14	boss
16	offer
18	Wifi
20	HP
27	PPT
28	show
37	Gay

续表

出现次数	英语实例
43	Gis
52	OK
59	mini
66	PS
262	QQ

表5－5　　语料5英语使用情况

出现次数	英语实例
1	CNB，miss you，RKCB，BBC，SOS
2	susking，AOPA，Merry Christmas
3	IPO，vs，GDP
4	but
5	ipad
7	google
12	CQ
17	no
20	TM
21	MK
25	QQ
38	SA
47	ok
53	DA
74	pass
78	AK
123	BBO

表5－6　　语料6英语使用情况

出现次数	英语实例
1	ipad，wifi，applicable tax，no taxes，photoshop，urban night sport，maybe，ricky，word，LIP GLOW（Color Reviver balm），baby，running man，Dior，Chanel，nice，just make a joke，gay
2	mini，ICBC，GDP
3	touch
37	qq

从六个语料的情况看，每个语料都有一定数量的英语出现，这说明语码转换现象在网聊中已普遍使用。这种现象显示：①我国很多网民学过英语，才可能在网聊中使用英语。②跟网聊的网民年龄段也有关系，大多网民是中青年，他们自身英语水平较高，比较容易接受新的表达方式。③有时用英语比用汉语简洁，把英语要表达的意思翻译过来，还不如直接用英语。④改革开放后，国外很多家用电器进入中国，这些产品很多名字是以英语命名的，这也提高了这些英语产品名在日常生活中的使用率。下面我们看一下表格中表现出来的使用英语的特点：

（一）名词多

我们的语料显示，在英语中，名词占了绝大多数。有些词看上去是动词，但按照上下文看，是指名词。如语料6中的touch，看起来是动词，但实际上是指itouch，作者可能为了省力，就省去了i，itouch指的是“Apple公司推出的一款闪存MP4播放器”。还有在语料中出现的mini，可以是形容词，表示“小”的意思，但在我们语料里，大多是指名词，一款汽车的名字。

（二）简称多

从表5－1至表5－6中可以看出，很多英语词是简称，如SOHO，GDP，IPTV等。使用这些简称通常是为了方便快捷地表达，《现汉》也开始收入字母词。从新媒体的角度来看，英语的缩写词在网络语言中应用确实很广。有些缩写词随着该产品淡出人们日常使用的范围，这些缩写词也开始减少，如SVCD、CVD。可以预测有些国外的新产品进入我国后，会引进新的缩写词。

这些常用的英语简称词，也可以称为字母词。汤玫英（2010：27）发现：“字母词所占的比例较大，这在网络语言中的表现是最为明显的。根据对语料的统计发现，字母词在网络语篇中所占的比例是4.3%，而在报刊语言中所占的比例为2.1%。”

在网聊中出现这么多的字母词，说明字母词在日常生活中确实得到广泛的应用。这给《现汉》收入字母词打下了坚实的基础。

（三）较随意

在第三章“错字错词”中，我们主要分析了汉语的错误。相对正式出版物看，网聊中的英语有些是错误的，有些使用比较随意，举个例子：①是没有空格，如 MEto，按上下文看，应为 Me too，原文两个字没有空格，too 字还少了一个 o。还有 coverletter，可能是 cover letter。toosimple 应为 too simple。②有些缩写词通常用大写，如 MBA，GDP，PPT，LG 等，也有用小写的，如 qq，估计也是为了方便。

（四）错词

有些英语可能是错词，如 Cadheug，wqnmlgb，roseunique。ricky（如是人名，r 应大写），等等，不知是什么意思，有可能是输入错误，也可能是网聊者有自己特定的表达意思。

三　小结

这节主要讨论了两个问题，语码转换的表现形式和嵌入语在网聊中的分布。

我们这节中列出的四种形式，以第一种最为常见，整个话轮用英语的，或者来回几个连续话轮都是英语的很少见。

从英语出现的频率看，每个语料中都有一定数量的英语出现，这体现了网聊者掌握了一定的英语水平，也是改革开放后，涌进大量新观念、新产品，这些用英语来表达，往往比汉语还要简洁方便，这也是网聊中这么多人使用英语的原因。

第三节　方言词

汉语方言分布的区域很广。汉语各方言之间的差异表现在语音、词汇、语法各个方面，语音方面尤为突出。在面对面交流中，有些方言之间相互听不懂，无法进行交流。网聊中，网聊者来自各个地方，自然以普通话为交流基础，有时也会用些方言词，但前提是大部分网聊者能懂，不会引起误解。我们语料中出现一则以方言造成误解的搞笑段子，说明在日常会话中，有时说方言会造成误解，见例（8）：

（8）	今天早晨特冷，兄弟三个人去提款机领钱，正好遇见运钞车来加钞。无奈之下三人只好站在一旁苦苦等候，这时大哥对二弟说：冻手不（“动手不”）？二弟冷冷地回一句：冻手！结果四杆枪瞬间指向兄弟三……三个人被抓住送派出所，在路上兄弟三一直沉默，后来老三问哥：你们怎么还不开腔（开枪）呢？结果八杆枪瞬间指向兄弟三…到了警局，警察问大哥：你叫什么名字？大哥：蒋英羽（“讲英语”）。警察再问一次：你叫什么名字？大哥：蒋英羽。警察 对大哥吼道：What is your name？大哥：（沉默以对。）警察转头对二弟说：What is your name？二弟腼腆的回：蒋国羽（“讲国语”）。警察再次问道：你叫什么名字？二弟：蒋国羽，警察对二弟大吼道：你叫什么名字？二弟：（沉默以对）警察再问老三说：你叫什么名字？老二：蒋芳妍（“讲方言”），警察又对老三吼：侬叫煞名字？老三：蒋芳妍，警察吐血而亡。。。。

例（8）自然是“搞笑”的段子，我们语料中，并没有出现例（8）中因为用方言词而引起误解的情况，倒是有些人用方言词，但其他人不懂的，或者有不同理解的例子，如“糊涂”好像不同的地方有不同的说法，见例（9）：

（9）A	我喝了几年的糊涂汤现在活的也挺好的
B	面疙瘩汤是吧？
C	我小时也喝的那汤

续表

D	小时候都喝的麦乳精
A	山东管粥叫糊涂
E	人家奶粉要是真有问题公司都要被清理的
E	赔的陪破产的
B	我儿子是山东的，一直婆婆带的，喝了不少那个糊涂汤
A	一人一个想法，我娃。。。我自己带
F	广东到山东好远啊
B	我皖北，嫁鲁南的，不远
G	玉米粥才叫糊涂
H	和奶粉的小孩比不喝奶粉的小孩，长的快、长的壮
I	惠氏启赋奶粉好。
A	我们家的粥都叫糊涂
F	不会吧
B	麦片煮的那个，我婆婆也叫糊涂
D	大米的也叫糊涂
A	菜粥也叫糊涂
B	好像粥之类的都是叫糊涂吧
J	糊涂就是面粉在开水娇娇就喝了

要说明的是，我们这里讲的“方言”，不是严格意义上的方言，只是指带有地方特色的地方词，或叫方言词。这些词普通话中用得较少，但在网聊中用得比较多。

一 语料中出现的方言词

表5－7至表5－12我们六个语料中使用方言词的情况。每个语料中某个实例（token）出现多次，我们就取第一次出现的实例。例句中画线的部分我们暂且看作是方言词。

表5－7　　　　语料1中的方言词例子

01	我在另一个群中得瑟呢
02	喊我作甚

续表

03	只还你本金，不给利息的情况，这个人要多鸡贼
04	俺是民生银行
05	瞅瞅去
06	就是个扯犊子的活！
07	我咋觉得会升息呢。。
08	机会老大了
09	还谈嘛子保密

表 5－8　　语料 2 中的方言词例子

01	妞千万别出来得瑟就行了，省的我自卑
02	这孩子最近可能正拍拖呢
03	蓝色你得记着别跟纯爷们逗闷子肯定你吃亏嘛
04	咋没关系
05	还墨迹是吧。。再墨迹不卖你了。。回头卖别人。还更贵呢～
06	肚子不舒服，瞅瞅咋回事
07	欠扁的房奴
08	西藏没去头了
09	下班先
10	严重显摆

表 5－9　　语料 3 中的方言词例子

01	我喝了几年的糊涂汤现在活的也挺好的
02	以后叫新哥懂伐
03	侬晓得伐
04	丢丢是你新马子？
05	我一直隐身看你动态。就小新最得瑟了。天天发言。各个群活跃的撒。
06	港度．．不了解啊．
07	这家伙特别不听话，扁他
08	一个衰人看中了一件衣服 可我没进啊

续表

09	我在北京呆过，真暖和回到上海立马就不适应了，真冷啊
10	只是炕头热的都是不咋地的手艺人
11	。。。。。。。。。。。 有事
12	给娃喝只能找人代购
13	俺这种乡坝头的哪能配得上首都人民。
14	我心拔凉拔凉的
15	插队 求个下午京东的 UE 套装
16	12 寸看这累，IPS 是噱头
17	你遇到这个情况咋整
18	现在房子翘得很
19	册那
20	洗碗机伤碗伐?
21	dinggai 啊
22	迟下我也买点刷破房子出租
23	存那么多钱干撒子。篮板王
24	矫情
25	等下去买防水
26	啥子? 给个商品介绍链接
27	灰常好，我的第二台 Acer 了
28	这个工人估计也揩了楼上不少油啊
29	有那么叼
30	有这钱 还不如买套房先
31	我给我幺儿出生开始，就一直买她的生日号码。就中了 2 次 5 元双 12 第 2 次
32	我们那个小区的群，有几个人都是买得 tcl 的。说话很拽的样子。我买得 tcl a8 什么彩色系列的。说 7 8 百。我说好贵哟，他说差的也有，300—400.

表（5－9）21 例句，用了拼音，听起来好像是广东话。

表 5－10　语料 4 中的方言词例子

01	倪总　你又挤兑我
02	有冒搞错
03	好撒我们好瞻仰一下
04	困觉去
05	大盘得瑟的时候，是不是追涨杀跌比较有搞头
06	我可讨厌做 PPT 了 因为那里不对齐 我看着都难受墨迹半天
07	冇得
08	我和我媳妇都不会乱花钱就是了
09	蛋蛋去武汉跟安安结婚 生个娃 然后让你的娃再读博
10	来爆料小黄鸡的糗事听听吧
11	花花，还是你老道
12	擦狼黑是啥子意思

表 5－11　语料 5 中的方言词例子

01	我不是红会郭美美，别老上网得色
02	更有吟味
03	是俺不好，抱歉

表 5－12　语料 6 中的方言词例子

01	灰常的感谢
02	有木有人是浙江的
03	我・就是阿
04	洒家还在读书
05	跟团要走蛮多购物点
06	排队都够呛。
07	我觉得旅行最嗨的是感受当地人的生活，而不是拍一堆照片

我们语料显示，用普通话的词记方音时，有时会有几种写法，如表示拖拉、犹豫不决的北方方言词有“墨迹”和“磨叽”两种写法；表示得意、神气的意思有“得瑟”和“得色”两种写法；粤语表示疑问的有“有冒搞错”“有冇搞错”“有木搞错”等写法。

二 语料中出现的高频方言词

下面是我们语料1—6中出现的前十位高频方言词：

表5-13　　前10个高频方言词

顺序	方言词	实例	百分比（%）
01	咋	771	39.09
02	俺	368	18.66
03	娃	286	14.50
04	撒	262	13.29
05	立马	117	05.93
06	等下	47	02.38
07	瞅	42	02.13
08	得瑟	36	01.83
09	啥子	24	01.22
10	拽	19	00.96
总计		1972	100

要说明的几点是：

（1）这10个高频方言词是我们语料中统计出来的。

（2）高频方言词的使用，会受到各种因素的制约：某个流行的媒体使用某个方言词，某个重要人物使用某个方言词，某个事件引出某个方言词。这些都可能是某个方言词使用频率高的因素。

（3）跟网词一样，高频方言词也会随着时间、时代的变化而变化。

三 网聊中出现方言词多的原因

据我们观察，没有具体数字证实，网聊中的方言词使用比《人民日报》等正式媒体使用的比例要高。方言词在网聊中出现较多的现象，是有其原因的。

（一）对家乡话的眷恋

我们的感觉是，网聊者使用方言词，跟对家乡语言的感情很有关系。

青瓜网有一篇文章中谈了官方语言和方言的关系：

> 一般来说，官方语言都正经规范，有严格的语法，但因为规范，难免比较死板；相反的，方言却以生动抵死取胜，都是生活化的口语，长期累积的各种歇后语、俏皮话令人会心微笑。更重要的是，方言是与生俱来的，有亲情和乡情的温度，说方言不只是表达内心想法，也是对一种生活方式和草根文化的认同。唐诗名句“乡音未改鬓毛衰”，是说鬓毛衰了，乡音尚未改，乡音跟了你一辈子，是你生命最深最深的一部分。
>
> （青瓜网，2016 年 4 月 27 日访问：http：//www. qinggua. net/yulu/yulu1/1461686795280674. html）

青瓜网这段话讲的是人们对自己家乡话的眷恋，我们常说，“老乡见老乡，两眼泪汪汪”，确认老乡的一个因素就是乡音。在正式的官方媒体中，需考虑各个方言区人们的理解，所有的语言都尽量使用标准的普通话。在网聊中，就没有这样的约束，自己想讲就讲。当然前提是要别人能理解。还有，在网聊中恰当地使用方言词，可使网聊增添活泼性和可读性。

（二）有些网词就是来自方言词

网词是人们所讲的网络语言的一个重要标志，而方言词又是网词的来源之一。

朱韦巍、刘冬冰（2013）认为，方言对网络词的影响大致分为四类：①从方言词中直接借用的网络词汇。方言词汇的直接借用，即普通话中不但没有能够与之音节相对应的字词，而且没有能够恰好表达相同意义的词汇。如：“坑爹”，江苏赣榆县一带的方言，也是山东地区方言，表示上当吃亏的意思，但这个词本身与生俱来携有一份乡土气息，语言幽默风趣，容易被大众接受。②受方言声韵母影响的网络词汇。受方言声韵母影响的网络词，即，声母或韵母发生变化，与原来含有相同意义的字词的普通话发音不同。如：“系”与“是”同音，来自闽南语，闽方言中的 sh 通常读为 x。“很开心”写作“粉开心”，“非常”写成“灰常”并不是纯粹的恶搞，在四川、湖南等地区方言中，h 和 f 的发音混同。再如："胡子"会发音为"fú zi"。再如闽方言中没有唇齿清擦音 f，多半念成 h。如：网络词汇"灰机"。③受方言声调的影响。大虾："大侠"的通假，指网龄比较长的资深网虫，或者某一方面（如电脑技术，或者文章水平）特别高超的人。一般人缘声誉较好才会得到如此称呼。在山西地区，穷，难，急等阳平字，调型均为高平调，调值为 44，所以这里的大侠读为"xiā"。④受方言合音词影响。表：不要。江淮方言中合音现象较为普遍，扬州方言中除"表"，还有"苗"，意为"没有"。酱紫：这样子。闽南语中的连读，在台湾、福建等地方言中使用频率较高。以此类推，如"娘紫"，意为"那样子"。

黄广芳、梁璐茜（2017）认为，方言对谐音网络流行语形成的影响主要体现在声母、韵母、词汇借用、声调以及合音词这五个方面。

（1）受方言声母的影响。受方言声母影响的网络词，即声母发生变化，与原来含有相同意义的字词的普通话发音不同。研究发现，这类词汇主要出现在闽、台、客家方言和北方方言。如闽方言的一个显著语音特征是没有唇齿声母 f，因此福建人常分不清 f 和 h 的发音，在很多话语中刚好把两者说反了。例如，"我开始方了"就出自闽方言，意指"我开始慌了"，类似的例子有闽方言中的"灰机"（飞机）、"灰常"（非常）、"服子"（胡子）、"稀饭"（喜欢）、"粉开心"（很开心）等。闽方言的第二个特征就是没有卷舌音，因此闽南方言中的"四不四"即表示"是不是"，闽南人经常把"舒服"读作"酥服"。另外，在闽方言中的 sh 通常读为 x，因此"我是"听起来像"我系"。

（2）受方言韵母的影响。受方言韵母影响的谐音网络流行语是指该流行语的韵母与普通话相比，发生了变化，因此诞生了一种新的词汇。综合分析发现，这种词汇主要出自吴方言、客家方言、北方方言。如吴方言的特点是将复韵母说成单韵母。在老南京方言中，"ge"经常读作"guō"，便出现了"帅锅"（帅哥）、"大锅"（大哥）这样很有方言味道的谐音词。另外南京话中"么得"意指"没有"。上海话中的入声韵是吴方言中保留最全的，如时下广为流传的"虾米"（什么）。"赶脚"（感觉）来自江苏溧阳话，有些论坛故意把"感觉"说成或写成"赶脚"，起到了幽默搞笑的效果。

（3）受方言词汇借用的影响。受方言词汇借用的影响主要是指直接使用某些方言中的词汇。这类词语主要来自台湾方言，其次是北方方言、广东方言、吴方言、闽南方言。如，北方方言的最大特色就是自带乡土气息，听起来幽默风趣、接地气。“坑爹”来自江苏赣榆县一带的方言，表示上当吃亏的意思，听起来略带调侃的意味。在陕西方言中，或在河南、宁夏、甘肃等地区，“有木有”（有没有）读作“yǒumǔyǒu”，这个方言词汇在网络应用中得到了广大网友认可。东北方言中的“我勒个去”，又叫“我了个去”，是网友心情不愉快时的发泄语，一般简略为“我去”。网络用语“你咋不上天呢”“给力”“作死”也出自北方方言。

（4）受方言声调的影响。受方言声调的影响主要是指方言声调变化所引起的新谐音流行词。这类词语主要出现在吴方言和北方方言中。不同于普通话中的标注四种调类，吴方言中的江淮西北方言有五种调类，江淮东南区有六种调类，有的还有七种调类。在吴方言的浙江话中，人们经常说“鸭梨山大”（压力山大），用来形容压力很大。在江淮方言中，有“8错”（不错）、“7饭”（吃饭）。因为“8”在江淮方言中读入声调，和“不”同音，“7”和“吃”均为入声字，视为同音。

（5）受方言合音词的影响。受方言合音词的影响主要是指由于说话快，把两个音或几个音连起来造成的合音现象或连音现象。这类词语主要出自台湾方言、吴方言。台湾方言有明显的连音现象。当地人经常把“你知道吗”说成“你造吗”，将“我喜欢你”说成“我宣你”，还有“表太好”（不要太好）、“酱紫”（这样子）。“酱紫”在台湾、福建等地区方言中，使用频率较高。同理，“娘紫”指“那样子”的意思。

（三）增加网聊的活泼性

在网聊中，增加恰当的方言词，会给网聊带来可读性，增加其活泼性。我们仔细分析语料后发现，有这么一种情况，使用某个方言词的人，有时并非一定是这个方言区的人，有些人喜欢学其他方言词，因为觉得有趣。比如说，说“得瑟”的人，并非一定是北方人，也可能是南方人，只是学着说。我们总的感觉是，某个方言词词频越高，越是难以确定说者是什么地方的人。这是因为某个方言词用得越多，其“普及性”就越高，使用者就越有可能突破方言区的限制。越是说得人少的，倒是当地人的可能性比较大，如说“册那”，说者是吴语区的可能比较大，具体说，说“册那”的上海人可能性比较大。我们这里说的情况只是一般观察，没有具体数字证实。

第四节 词类活用

词类活用现象在我们日常语言的使用中经常碰见。在网聊中，我们的感觉是出现更多。

吕叔湘（2002［1979］：497）在谈到“词类转变”时，谈到词类活用的现象：

> 语义的变化比较特殊，只是偶尔这样用，没有经常化，这算是临时“活用”，不同于永久性的词类转变。例如“我五好都好了四好了，就这一好我就好不上啦？”里边的“好了”和“好不上”的好就是临时活用作动词（“五好、四好、一好”的好属于上面的第一种情况）。又如“看远些！别这么近视眼！”里边的近视眼也是临时活用作动词。这种活用如果经常化了，就成为词类转变了。例如“别废话！”里边的废话就应该算是正式的动词。

胡裕树（1995：299）对词类活用的定义是：

> 甲类词在特定的条件下，为了修辞上的需要，偶尔用作乙类词，这是活用。例如鲁迅的一篇杂文《中华民国的新“唐·吉诃德”们》中有“一切等等，却是十分堂吉·诃德的了。”“唐·吉诃德”是名词，这里活用作形容词。活用不属于兼类，也不改变原来的词性。

词类活用情况比较复杂，主要包括名词、形容词、数词用作一般动词，名词作状语，使动用法和意动用法等。我们按照词类活用的思路，发现我们的语料中名词活用比较多。本节讨论涉及名称活用的两个问题：①名词活用作动词；②副词＋名词结构中的名词活用作形容词。

一　名词活用作动词

例（10）是我们语料中收集到的例子：

（10）a	不是，我根据给出的线索百度出来是北京北卫药业
b	度娘一下
c	另外，小窗我，把正确的给我，我给财务
d	小窗你了。。你没回我。。@木子李
e	缺钱的时候一定微你
f	itouzi 利率这么低，为啥大家还这么看好呢？谁给俺科普下
g	我菜鸟
h	你们那儿雾了吗？
i	合同很多漏洞啊

例（10）中的“百度、度娘、小窗、微（暂且指‘微信’）、科普、菜鸟、雾、漏洞”都是名词，这里可以看作名词活用作动词。当然这类句式用得多了，这些句式中的词就可能被大家看作动词了。

吴薇薇（2009：95）也发现这类现象：

> 网络语言中也有类似于古代汉语的词类活用现象。名词作动词的比较常见，例如“记得伊妹儿我”，“你雅虎了吗?”，“视频一下”，“有事Q我”（“Q”指“QQ聊天”），这里的伊妹儿（电子邮件），雅虎（网站），视频，QQ都是名词，却作了动词。还有形容词活用作动词的情况。如：“网站被黑”这里的“黑”是指被黑客袭击，它原本是“黑客”一词中修饰性的形容词，这里用作动词。

当然，我们也可以理解为这些句子省略了动词。“百度出来”指的是“通过百度搜寻出来”，“度娘一下”指的是“用度娘搜寻一下”，“小窗我”指的是“用小窗跟我联系”，以此类推。

二　副词＋名词结构

在语料1中，一共收集到14例副词＋名词结构（简称副名结构），其中有9例是程度副词＋名词结构，占了大多数。我们先讨论一般副名结构，然后再专门讨论程度副词＋名词结构。例（11）是语料中出现的副词＋名词的例子：

（11）a	该毛衣了
b	不土豪
c	利息已经不低了，高了还不起，还不狗屁了
d	再攒攒不公积金了

对例（11）中这种副名结构，有不同的看法。

一是名词活用说。

胡裕树（1995：190）说，“副词的主要语法功能是修饰动词或形容词”，他认为，副词主要有以下几类：表示程度的副词（很、十分），表示情状的副词（亲自、互相），表示时间频率的副词（立刻、一直），表示范围的副词（都、总），表示否定的副词（不、没）；表示语气的副词（难道、究竟）。

按照胡裕树（1995：190）副词修饰动词或形容词，那么有一种解释就是例（11）中的副词＋名词的例子是副词后的名词活用为形容词。

二是修饰说。

黄伯荣、廖序东（2007：18）认为：“值得注意的是，在句子里，有一些副词既可以用来修饰谓词，也可以用来修饰名词性成分。用来修饰名词主语的副词不多，有‘就、仅、仅仅、只、光、单、单单、几乎’等，表示限制人或事物的范围。例如：‘只这几家商店开始营业|今天就你一个淘气|光书就有十箱|单单这一点就够了’。”

按照黄伯荣、廖序东（2007：18）的观点：①副词可以修饰名词，既然是修饰和被修饰的关系，自然就不用活用说来解释了；②是部分副词可以修饰名词，不是全部。

张宜生（2000：153）也是持副词修饰名词的说法，他用了一章“副词的超常搭配功能——修饰名词”的篇幅，专门讨论副词修饰名词的结构，他说：

> 长期以来，一般的语法书和教科书在谈到副词和名词的语法特征时，几乎都认为副词和名词是不能互为直接成分的——它们之间不可能存在修饰与被修饰的关系。而且，相当一部分教科书甚至把能否接受副词的修饰作为区分名词和谓词的一项重要的鉴别标准。但事实上，在语言实际运用中，尤其在口语和一些比较接近口语的文体中，副词修饰名词的现象，还是时有所见和所闻的。

上面谈的是一般副名结构，由于程度副词＋名词在我们的语料中（语料 1）出现较多，我们下面重点看一下程度副词＋名词的结构的使用情况。见例（12）：

（12）a	招行的信用卡最鸡肋
b	太土豪了
c	太速度了
d	把电话摔桌上了，我老公惊了。太不淑女了。
e	嗯，看着那个店的图片也不是什么名店的感觉，挺乡上的
f	但是金色不是很土豪，所以大家都买
g	很速度么
h	招商银行的信用卡比较鸡肋，确实
i	网贷之家现在看有点垃圾

程度副词有：很、十分、非常、最、太、极、更加、比较、稍微、过于、越发、格外，很、非常、极、十分、最、顶、太、更、挺、极其、格外、分外、更加、越、越发、有点儿、稍、稍微、略微、几乎、过于、尤其，等等。

在例（12）中程度副词出现的情况：最、挺、比较、有点、很、太。

张宜生（2000：173）认为：

可以前加程度副词表示内涵义的名词很多，可以是普遍名词，也可以是专有名词，可以是指人名词，也可以是指物名词。只要是该名词的内涵义是具有个性的、富有特色的、比较普及的，尤其是足以引起人们联想的，都可以性状化。从我们收集到的语料看，大致可以分为四种：内涵凸现式、特征概括式、概念状化式、形象比喻式。

张宜生（2000：173－177）举的四类副名结构的例子是（各类举两例）：

内涵凸现式

（13）a	爸很绅士地点点头，问我："小姐，游泳衣带了吗？"（冯敬兰《失却的伊甸园》）
b	我要是把想的什么都说出来，那可就太流氓啦。（陈建功《鬈毛》）

特征概括式

（14）a	那男人的模样，很山东，车子上扭屁股一骑一蹬，更山东了。（阿成《回望古城》）
b	于是，在阿跷上学的那一年，他们全家搬到了最最中心、最最繁华、"最最上海"的淮海中路的一条新式弄堂里，……（王安忆《阿跷传略》）

概念状化式

（15）a	小何是一个很传统的女人，总是问：男人这样女人怎么活？（储福金《心之门》）
b	每逢这时，老G都要将女友信中那段最露骨、最肉麻、最情感如火如荼的语言摘取出来，念给老A听。（严哥平《抽屉》）

形象比喻式

（16）a	我们成了"铁哥们儿"，至今仍然很"铁"。（蒋子龙《子午流注》）
b	"这个小姑娘，我看得出来，不错，挺咯嘣豆的。"他说，他幸亏还没说乒乓脆的。（苗长水《我在南温河》）

三　小结

本节的词类活用，主要讨论两个方面的问题。

一是名词活用为动词，当然也可以看作是这类句子省略了动词。

二是副名结构，特别是程度副词加上名词的结构。胡苏（2006：31）认为，现在名词和副词的搭配用法越来越多了：

> 名词与副词的搭配组合似乎越来越流行，杂志、报刊上这类语法现象屡见不鲜，特别是较为时尚的杂志，出现名词与副词的搭配频率很高。譬如以“很”为修饰语的例子：很青春、很淑女、很诗意、很传统、很生活、很理性、很文艺、很文学、很上海、很美国、很西方、很农村、很马列、很风度、很款式、很唯物主义、很异国情调……

我们没有具体数字统计，据我们观察，在网络中，这种副名结构的用法比在杂志报纸上还要多。报纸杂志需经过编辑这一关，有些副名用法可能就改掉了。网络聊天中没人把关，网聊者想用就用。

第五节　结语

本章讨论了涉及词法的几个问题：语码转换、方言词、词类活用等问题。

随着外语水平，特别是英语水平的提高，在网聊中英语的出现也成为常态，这就是我们常说的语码转换，我们这里讨论的语码转换指的是网聊中的汉语和英语混用现象，重点讨论的问题是：语码转换的几种表现形式，嵌入语言在网聊中分布的情况。通过这两个方面的探究，读者能大致了解网聊中语码转换的情况。

网聊者来自四面八方，难免带上各自乡土的味道。有些人用方言词是向他人展示自己的乡音，有些人则是为了好玩，跟着别人说。方言词起到某种“添加剂”的作用，使用得当会使语言活泼有味道，这是网聊中方言词出现的一个重要因素。同时我们注意到，方言词也是网词来源之一。

词类活用现象在古代汉语里就很常见，现代汉语跟古代汉语比，相对较少。在网聊中，由于没有语言规范的约束，词类活用就比一般正式的出版物、官方的报道要用得自由。本节主要讨论名词活用作动词，还有副词加名词结构，某些副名词结构如果用得多了，很有可能会有新的解释。

第 六 章

句法分析:主谓句和非主谓句

第一节 引言

本章讨论句法，这里的句法指的是汉语中的句子分析，准确讲是小句分析。主要想通过本章的研究，找出网聊话语中小句使用的某些特征。据推测，不同的文体，在小句的使用上，应该有不同的表现。因此我们在研究网聊话语小句的同时，观察了口语和书面语小句的一些表现，试图通过对比的方法，看出网聊话语小句的使用特征。本章先讨论主谓句和非主谓句（又称“零句”），包括讨论主谓句中的陈述句、疑问句、祈使句、感叹句这四种句式的分布情况，并分析谓语的构成成分。还对两类谓语（动形类谓语句，汉语式话题句）的分布进行了量化分析。对非主谓句，讨论了名词性非主谓句、动词性非主谓句、形容词性非主谓句，叹词性非主谓句。

第二节 主谓句和非主谓句

在传统语法的句型研究中，主谓句和非主谓句是一对重要概念。不同句式的使用能从一个角度体现不同文体的特征。

胡裕树（1995：315）说：“拿来一个句子，先看它是单句还是复句，如果是单句，再看它是主谓句还是非主谓句。”

我们先看一下单句和复句的情况，单句和复句的区分是传统语法研究的一个重要领域，本项研究暂不讨论网聊中单句和复句的区分，主要基于以下几个原因，一是从话语篇章的角度来看，两个有关联的“单句”

就已经进入篇章研究的范围，也就是说，两个单句组成的一重复句和多个单句组成的多重复句都是篇章的研究对象。本章研究重点是彼此有关联的话语小句，而不是复句。二是单复句区分书面语容易确认，口语确认相对比较困难。而我们这里讨论的网聊话语，不是典型的书面语，更加难以确认复句。

本节重点关注的主谓句和非主谓句在网语中的使用情况，我们试图通过对网语、口语、书面语的对比，观察这三种语体在实际使用中主谓句和非主谓句的分布。量化结果所展示的不同语体中所表现出的趋向性，能直观看到不同语体中两种句式在使用中的特征。

一 主谓句和非主谓句

（一）主谓句和非主谓句概念

主谓句指的是“由主语、谓语两个成分构成的单句叫主谓句”（黄伯荣、廖旭东，2007：83）。非主谓句指的是“单句中不能分析出主语和谓语的句子叫做非主谓句”（胡裕树，1995：315）。

这里的“单句”，跟英语的 clause 相似，clause 通常译为“小句”。徐赳赳（2003：233）介绍了前人对“小句”的概念的研究：

> 吕叔湘（1942，1993《吕叔湘文集（1）：101》）说：“从形式方面着眼，复句往往可以中途停顿，每一个这样的停顿，假如含有一个或一个以上的词结，我们称之为「小句」，假如不够一个词结，我们称之为「顿」，……。”吕叔湘（1979）在翻译赵元任的《汉语口语语法》时，把英语 clause 译成“小句”。陈平（1991：182）对小句的定义是：“本文中一般以标点符号为标记，把用逗号、句号、问号等断开的语段算作小句。”

屈承熹（2006：270）认为：“本书自始至终都采用‘小句’（clause）这个术语，而没有用‘句子’（sentence），原因很简单：汉语的‘句子’还没有一个令人满意的定义。即使是‘小句’这个术语有时也是很笼统的。”

这里我们采用小句的概念来分析主谓句和非主谓句，也就是主谓小句和非主谓小句。至于划分小句的办法，我们暂且采用徐赳赳（2003）提出的划分小句的方法。

本研究统计了网语、口语、书面语各500个，探究主谓语和非主谓语在不同语体中的分布。

（二）网语中主谓句和非主谓句分布

网语的统计语料是多人聊天QQ群。下面几种情况需作说明：

1. 转帖暂且不统计在内

转帖是网文中常见的一种表达形式，通过复制把已有的文本引进主篇章。有时对是否是转帖难以判断，有的只能暂且看作是“可能的转帖”（简称“转帖”），如下面两例暂且看作转帖：

（1）a	小明又出现了。。。我疯了课堂上，漂亮女老师严肃地给小朋友解释：“乳”就是“小”的意思。比如“乳猪”就是“小猪”，“乳鸽”就是“小鸽”。小明，请你用“乳”字造个句。小明：我家经济条件不太好，只能住40平米的乳房。老师：（我晕）……这个不行……换一个。小明：我每天上学都要跳过我家门口的一条乳沟。老师：（晕死）……不行……再换一个。小明：……老师，我实在想不出来了。把我的乳头都想破了。
b	http：//baike. baidu. com/link？ url = gflw9pKyWFQlr00hfVGs9I9DOJmoh9wPRp5wmUn-EUpw9p0pHZkCcRVJmu3KlZkVdx0f8z6AffBsyFc_ODFQM_q

如果观察例（1a）的上下文的话，读者会发现，这段话语的内容，跟整个群讨论的主题或是说内容没什么关联。其作用可以引起其他网聊者会心一笑，起到一种调剂的作用，可以推测，手工输入这么一段文字就比较费劲，转帖的可能性比较大，这里我们暂且看作是转帖。例（1b）中是网址，大多网址由多个字母和符号组成。按照我自己的经验，比较短的、常用的，能记住的，倾向打字；如果比较长，不易记牢，就倾向粘贴。例（1b）中的网址暂且看作是转帖。

虽然转帖在主篇章中有其特殊的功能，但转帖归于客篇章，跟主篇章现场输入交谈还是有不同的地方，比如说，有的转帖有明显书面语的特征，通常一个话轮比较长，内容跟群聊的主题可能不符等。我们这里暂且不列入统计范围。

2. 表示重复的符号不予考虑

在网聊中，我们经常会看到一些表示重复的符号，如例（2）：

（2）a	哇靠~/
b	心好大~~
c	都是忙碌的~~~
d	200元京东礼品卡~~190元出~~200元京东礼品卡~~190元出~~谁要小窗我~~/

符号“~”表示重复，据我们观察，重复的符号的数量使用比较任意：例（2a-c）中有用一个重复符号，也有用两个，三个。例（2d）中有多个。重复符号暂不看成是一个独立的小句。

下面表6-1是我们语料中网聊话语的主谓句和非主谓句（总500个小句）的分布：

表6-1　网聊话语中主谓句和非主谓句分布

主谓句	非主谓句	总小句
454个	46个	500个
90.8%	9.2%	%

（三）口语中主谓句和非主谓句分布

我们这里采用的口语语料是多人的座谈，讨论的主题是“如何看待家庭暴力”，讨论的时间是2007年。参加讨论的共8人（得到座谈者口头同意），大家自由发言。讨论内容录音机录下，通过人工转写获得书面语料。下面是这次讨论的转写文字材料的前500个小句，主谓句和非主谓句分布如下：

表6-2　口语中主谓句和非主谓句分布

主谓句	非主谓句	总小句
483个	17个	500个
96.6%	3.4%	%

表6－2显示，主谓句占了绝大多数，约97%，非主谓句很少，约3%。

（四）书面语中主谓句和非主谓句分布

徐赳赳（2010：23）认为："不同的文体，在表达上有着各自的特点，诗歌有诗歌的特点，政论文有政论文的特点，在篇章研究中，典型的语料是叙述文。"我们这里选取的书面语是2013年出版的《读者》中的叙述文，500个小句的主谓句和非主谓句分布如下：

表6－3　书面语中主谓句和非主谓句分布

主谓句	非主谓句	总小句
490个	10个	500个
98.0%	2.0%	%

表6－3显示，主谓句占了绝大多数。非主谓句只有10个。

（五）小结

从我们的语料中网语、口语和书面语的统计数字显示，网语中非主谓句出现最多，口语次之，书面语最少。下图看起来更加直观：

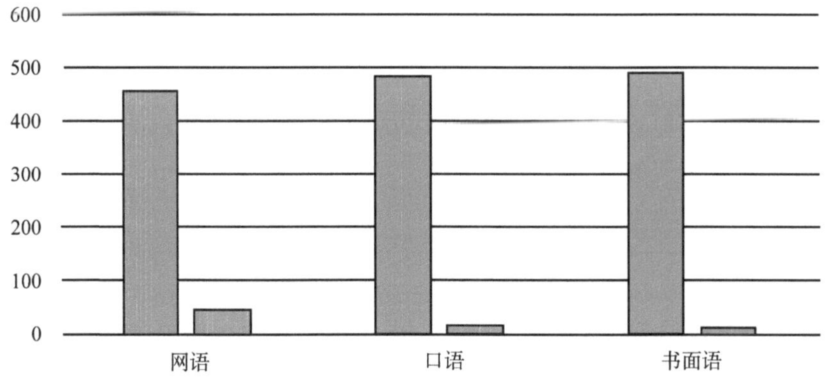

图6－1　三种语体的主谓句和非主谓句分布

注：三种语体左栏柱子是主谓句，右栏柱子是非主谓句。

网聊话语是即席"发言"，通常网聊中不会花很多时间思考和精心准备，有一点想法便可上传，有新的想法继续上传，话轮较短。网聊的一个特点是参与的人数随时可能有变化，有时很多人参与、有时就几个人对话。口语跟网聊不一样的是说者和听者都处于面对面的场景中（打电话等除外），听者出于礼貌等各种原因，通常不随便打断说者正在说的话，因此话轮相对较长，表达观点也相对完整，这点跟网聊不一样。书面语的每个句子都是经过反复锤炼的，上下文的衔接很紧密。文章的作者数通常是固定的，一个或几个，因此整篇文章体现了文章作者的风格，这跟网聊和口语有明显的不同。网聊、口语和书面语这些不同点，都是造成主谓句和非主谓句使用多少的因素之一。

我们这里的语料不多，语料再多些，量化的数字可能会有变化。还有，不同语料也可能影响到量化的数字。例如，我们采用的书面语是叙述文，如果是政论文，统计结果也可能不同，如是诗歌就可能差别更大了。我们的语料显示三种语料的倾向性是很明显的：非主谓句在网语中用得最多，口语次之，书面语最少。

二　主谓句中的陈述句、疑问句、祈使句、感叹句

主谓句可以分为陈述句、疑问句、祈使句、感叹句四种。

胡裕树（1995：314－315）举的四种句式的例子是：

（3）a	这是一首很好的诗。（陈述句）
b	谁写的？（疑问句）
c	你先念一遍吧。（祈使句）
d	这首诗写得真不错！（感叹句）

下面是黄伯荣、廖旭东（2007：97－100）对这四种句式的定义。

陈述句。陈述句是用来描述一个事实。日常生活中使用的大部分句子都是陈述句。“叙述或说明事实的具有陈述语调的句子叫陈述句。它有时可带语气词‘了、的、呢、罢了、嘛、啊’等。陈述句是思维的最一般的表现形式，也是使用得最广泛的一种句子”。

疑问句。“具有疑问句调、表示提问的句子叫疑问句。提问的手段，

有语调、疑问词、语气副词或疑问格式（‘V不V’等），有时只用一种手段，有时兼用两三种。其中句调不可缺”。

祈使句。“要求对方做或不要做某事的句子叫祈使句。它可以分为两大类：一类是命令、禁止，一类是请求、劝阻。这两类句子都用降语调，但在语气词等的运用上略有不同”。

感叹句。“带有浓厚的感情的句子叫感叹句。它表示快乐、惊讶、悲哀、愤怒、恐惧等浓厚的感情。感叹句一般用降语调”。

本节我们具体看一下主谓句中四种句式在网语、口语、书面语中的分布情况。

（一）网语中四种句式分布

上节中，我们统计了500个网聊小句，其中主谓句是454个小句，我们看一下在这454个主谓句的小句中，四种句式的分布情况：

表6－4　　网语话语中的四种句式分布

陈述句	疑问句	祈使句	感叹句	总
376个	56个	20个	2个	454个
82.82%	12.33%	4.41%	0.44%	%

1. 网语中的陈述句

陈述句占了绝大多数，约83%，在网聊的表达中，陈述句还是占主流。

2. 网语中的疑问句

网语话语是通过文字上传的，所以无法表现出小句的语调。我们判断网语是否是疑问句，主要是两个标准，一是问号，二是表疑问的词。表疑问的词有如下几类：（1）问事物、时间、处所和数量的主要有8个：谁、何、什么、哪儿、哪里、几时、几、多少。（2）问方式、性状和原因的主要有8个：怎、怎么、怎的、怎样、怎么样、怎么着、如何、为什么。（3）语气词主要有4个：吗、呢、吧、啊。（4）疑问副词主要有10个：难道、岂、居然、竟然、究竟、简直、难怪、反倒、何尝、何必（百度百科，baidu.com，2016年11月20日访问）。

虽然表疑问的词有几十个，最常见的疑问语气词应该是“吗”。但是，在56个网语疑问小句中，用“吗”的只有8个小句，其中只有一个有问号：

（4） a	有张339的要吗？
b	现在还能领吗
c	200—100的券有收的吗
d	有人吗
e	这个有人要吗
f	大家苏宁 有下什么0元单吗
g	你和我说了吗
h	你前面不是说我是想着等今天买到东西出的券才给你的吗

由于网语中标点的使用很随意，因此有些疑问句不用问号。我们发现，在网聊的56个疑问句中，有问号的共22个小句，也就是说，一半多疑问句没有问号。下面是几个有问号的例句（但没有“吗”字）：

（5） a	你和我说了么？
b	广州移动能充不？
c	誰有200—100的蘇寧券？
d	是你非要8折？

其他的，都是用表疑问的词来表达疑问的，看几个例子（注意：这几个例子都没有任何标点）：

（6） a	多少钱出
b	四川能转不
c	你为什么不回答我
d	他的书会不会赔

3. 网语中的祈使句

祈使句在网语中我们只发现了20句，占主谓句的4.41%。这20个小句中，主语是“你”的有7句，13句是省略了主语“你”的小句。

4. 网语中的感叹句

网语中感叹句在四种句式中是最少的，只发现2例，占0.44%。我们确定感叹句的方法就是看是否有感叹号。实际上由于网语使用标点随意，有些句子读起来有表感叹的意思，但没有感叹号，就没有计算在内。

(7) a	1元求2元水电红包!
b	明明是一箱嘛!

（二）口语中的四种句式分布

口语中，我们确认了483个小句，四个句式的分布如下表所示：

表6-5　口语中的四种句式分布

陈述句	疑问句	祈使句	感叹句	总
438个	38个	6个	1个	483个
90.68%	7.87%	1.24%	0.21%	%

从四种句式看，陈述句还是占了绝大多数，疑问句位于第二。

祈使句一共6句，其中3句有“你”字（8c句暂且看作祈使句的话），另外3句没有“你”字：

(8) a	你也不能打它，
b	你可以报警。
c	你不要谈暴力就是犯罪，
d	听听金健说，
e	要讲自己，
f	千万不要讲别人，

要说明的是，这里的口语，是根据转写的语料，所以涉及感叹句，只能根据上下文的语感以及当时转写人的标点符号来确认是否是感叹句。我们的语料中，只发现一句用了感叹号：

(9)	啊，吊起来！

(三) 书面语中的四种句式分布

下表是490个书面语小句中主谓句的四种句式分布：

表6-6 书面语中的四种句式分布

陈述句	疑问句	祈使句	感叹句	总
466个	14个	1个	9个	490个
95.10%	2.86%	0.20%	1.84%	%

书面语确认疑问句和感叹句比较容易。疑问句是以问号为主要标记，感叹句是以感叹号为主要标记。

祈使句就一句：

(10)	你多取些皮

表6-6显示，陈述句占了约95%，疑问句、祈使句、感叹句三种句式加起来只有约5%。

(四) 小结

这节分析了网语、口语和书面语三种语体的主谓句中，四种句式的分布，分析了不同语体的一些特征。下面是四种句式的总表：

表 6-7　　三种语体的四种句式分布

	陈述句（个）	疑问句（个）	祈使句（个）	感叹句（个）
网语 454 个	376	56	20	2
	82.82%	12.33%	4.41%	0.44%
口语 483 个	438	38	6	1
	90.68%	7.87%	1.24%	0.21%
书面语 490 个	466	14	1	9
	95.10%	2.86%	0.20%	1.84%

从陈述句看，三种文体中都是在数量上位于第一，从比例看，网语最低，约 83%，口语居中，约 91%，书面语最高约 95%。

从疑问句看，三种文体中都是在数量上位于第二，但排列跟陈述句不一样，网语最高，约 12%，口语居中，约占 8%，书面语最少，约 3%。

祈使句和感叹句在主谓句中占的比例都很少，因此很难看出明显的趋向性。

三　谓语成分构成分析

主谓句的谓语是由不同的词语充当的，不同的成分充当谓语能体现该主谓句的特征。我们暂且将其分为两大类，一是带动词（及物动词和不及物动词）和形容词的传统主谓句，也包括系词，如“是”“为”等（简称“动形类谓语句”）。二是名词谓语句，如“他大鼻子”；主谓谓语句，如“这棵树叶子大”（简称“汉语式话题句”）。

（一）网语、口语和书面语的“动形类谓语句”和“汉语式话题句”分布

下表是三类语体的分布：

表 6－8　两类谓语的分布

类别（主谓句）	动形类谓语句（个）	汉语式话题句（个）
网语（454 个）	449（98.9%）	5（1.1%）
口语（483 个）	478（99.0%）	5（1.0%）
书面语（490 个）	487（99.4%）	3（0.6%）

表 6－8 显示，三类语体都是动形类谓语占绝对优势。

（二）动形类谓语分布

下表是动形类谓语分布：

表 6－9　动词，形容词，是—为词的分布

类别（动形类）	动词（个）	形容词（个）	是—为（个）
网语（449 个）	355（79.1%）	66（14.7%）	28（6.2%）
口语（478 个）	346（72.4%）	77（16.1%）	55（11.5%）
书面语（487 个）	427（87.7%）	26（5.3%）	34（7.0%）

从动词看，三种语体都占了大多数，70%—80%。网语和口语相差不大，相对来说，书面语中动词比例最高。

从形容词看，占的比例都不高。

从是—为词看，所占比例比形容词还低。

（三）及物动词和不及物动词的分布

见下表：

表 6－10　及物动词和不及物动词的分布

类别（动词）	及物动词（个）	不及物动词（个）
网语（355 个）	177（49.9%）	178（50.1%）
口语（346 个）	173（50.0%）	173（50.0%）
书面语（427 个）	210（49.2%）	217（50.8%）

统计显示，三种语体中及物动词和不及物动词基本是各一半。至于口语中及物动词和不及物动词完全一样，则完全是巧合。

（四）汉语式话题句

对主谓谓语句的确认，我们这里作一简单说明。

胡裕树（1995：320－322）认为有三种主谓谓语句：

1. 把主谓中的某一动词的宾语或宾语的一部分提到句首。如“这个故事我没有听说过。”“这件事知道的人不多。”“这个问题我认为可以讨论。”

2. 谓语是描写性的主谓谓语句：如“大家斗志昂扬。”“她身体健康。”

3. 还有一种主谓谓语句，是由全句的修饰语中减去介词“关于”“对于”等构成。如“田间管理，他的经验很丰富。”“这个问题，我们有不同看法。”

考虑到胡裕树（1995）提出的第一种主谓谓语句尚存不同看法，在我们这项研究中，暂不列入主谓谓语句统计之中。

四　四种非主谓句

上文我们讨论了主谓句中的陈述句、疑问句、祈使句和感叹句这四种句式。这里我们讨论非主谓句中句式。下面是胡裕树（1995：316）对非主谓句的定义及例句：单句中不能分析出主语和谓语的句子叫作非主谓句。非主谓句有名词性和非名词性的。

名词性的如：

（1）小王！（称呼）

（2）票！（售票员向乘客打的招呼）

（3）好热的天气！（感受）

（4）一九七九年的春天。（文艺作品的背景说明）

动词性的如：

（5）出太阳了。（说明自然现象）

（6）忽然响起了钟声。（说明出现的情况）

（7）不许攀折花木。（表示一般要求）

形容词性的如：

（8）好极了！

（9）真热！

此外，叹词、象声词也可以构成非主谓句。

根据胡裕树的分类，我们考察一下网语、口语和书面语中名词非主谓句、动词非主谓句、形容词非主谓句和叹词象声词非主谓句的情况。

（一）网语

第二节中显示，网语小句中，有 46 个非主谓句，其中四种非主谓句式的分布见下表：

表 6－11　　网语的非主谓句分布

总	名词性	动词性	形容词性	叹词象声词
网语	30	0	1	15
46（个）	(65.22%)	(0.00%)	(2.17%)	(32.61%)

网语中，名词性非主谓句最多（65.22%），动词性非主谓句没有，形容词性非主谓句只有一例（2.17%），叹词象声词非主谓句有 15 句（32.61%）。

（二）口语

口语小句中，有 17 个非主谓小句，其中，名词性小句 12 个，没有动词性小句，形容词性小句 2 个，叹词象声词小句 3 个。见下表：

表 6－12　　口语的非主谓句分布

总	名词性	动词性	形容词性	叹词象声词
口语	12	0	2	3
17（个）	(70.59%)	(0.00%)	(11.76%)	(17.65%)

（三）书面语

书面语小句中，有 2 例是名词性非主谓句，8 例是动词性非主谓句。

表 6－13　　书面语的非主谓句分布

总	名词性	动词性	形容词性	叹词象声词
书面语	2	8	0	0
10（个）	（20.00%）	（80.00%）	（0.00%）	（0.00%）

（四）小结

从网聊、口语和书面语来看，非主谓句使用的趋向很明显：网语使用非主谓句最多（46 个），口语居中（17 个），书面语最少（10 个）。

从网聊话语中非主谓句多的现象，说明有以下特点：网聊话语常常简化句子结构，使表达更加简练、直接。大量使用缩写和简写，也是为了快速表达和节省时间。

第三节　结语

传统语法对句子的分析，通常先考虑单句和复句的区分，单句又分为主谓句和非主谓句。主谓句可分为四大句式：陈述句、疑问句、祈使句、感叹句。如果按谓语的不同构成情况，主谓句可分为两大类，一是动词谓语句（及物动词和非及物动词）、形容词谓语句、是（为）句等，可简称为“动形类谓语句”；二是名词谓语句，可称为“汉语式话题句”。单句中不能分析出主语谓语的句子称为非主谓句，非主谓句可分为名词性和非名词性两种。

为了考察网聊话语的主谓句的分布特点，本章采用对比法，考察了网语、口语和书面语三种语体，对四种句式（陈述句、疑问句、祈使句、感叹句）进行了量化对比，以期探究不同语体在四种句式上不同的分布。本章还对两类谓语（动形类谓语句、汉语式话题句）的分布进行了量化分析。

本章对网语、口语和书面语的非主谓句也进行了统计分析，从中能看出不同语体的分布趋向。

第七章

句法分析：小句长短和标点的使用

第一节　引言

小句的长短能从一个角度体现出篇章的体裁的特点，这节我们考察网语、口语和书面语各自使用的情况。我们还是以各选500个小句作为我们分析的语料。

吕叔湘（2002［1951］：218）谈到标点符号的重要性时说："标点符号是文字里面的有机的部分，不是外部加上去的。它跟旧式的句读号不同，不仅仅是怕读者读不断，给它指点指点的。每一个标点符号有一个独特的作用，说它们是另一形式的虚字，也不为过分。应该把它们和'和'、'的'、'呢'、'吗'同样看待，用与不用，用在哪里，都值得斟酌一番。"标点在书面语中是非常重要的，有时标点错了，表达的意思可能不一样。我们发现，在网聊中，尽管标点的使用很随意，但有时标点也起到文字的作用，表达作者的各种情感。

第二节　小句的长短

1. 网语的小句

我们这里讨论和统计小句的字数，相对口语和书面语来说，情况比较复杂，这里说明两点：

一是网聊在上传时，有时分两次上传：

（1）a	太平洋（118796xxxx） 20：49：57 应该加上债务人的指纹
b	太平洋（118796xxxx） 20：50：01 手印

例（1）如果一次上传的话，可能就是一个小句：“应该加上债务人的指纹和手印”，或“应该加上债务人的指纹、手印”。但作者先上传“应该加上债务人的指纹”，隔了4秒钟后，再上传“手印”，我们这里暂且看作是两个小句。

二是标点符号算一个字符。

网聊的作者通常对标点的使用比较随意，有时我们看到小句后没有标点，但有时有连续两个标点，如出现两个句号，这是网聊话语的特殊的表达方式，显示作者的随意表达，也可能作者想表达自己的特殊含义。我们这里暂且把两个句号算两个字符，见下例：

（2）a	有收旅游红包的没有。。
b	午休时间到了闪。。

下面是电脑显示的统计数字：

表7－1　　网聊小句字数

小句	字符数（不计空格）	平均
500个	4702个	9.40个

2. 口语的小句

下表是口语小句的平均字数：

表 7－2 口语小句字数

小句	字符数（不计空格）	平均
500 个	4499 个	8.99 个

3. 书面语的小句

下表是书面语小句的平均字数：

表 7－3 书面语小句字数

小句	字符数（不计空格）	平均
500 个	8796 个	17.59 个

4. 小结

我们这里的语料显示，网聊小句（9.40 个）和口语小句（8.99 个）的字数相差不大，而书面语小句（17.59 个）则明显字数较多。从书面语来讲，徐赳赳（1996：85）在研究“段落”时发现政论文小句字数比叙述文小句字数要多，“政论文是说理文章，力求客观陈述，结构严谨，句子较长……叙述文是记人叙事的文章，文学色彩浓，句子可长可短”。这个结论是根据段落推断出来的，具体多长，没有具体小句数字证实。我们选取了《求是》（2016 年第 2 期）中的四篇政论文，选取 500 个小句，统计结果显示，平均每个小句是 24.02 个字，比叙述文要多 7 个字左右。

第三节　小句标点分布

苏培成（2010：1）认为：“标点符号简称标点，是辅助文字记录的符号，是现代书面语里不可或缺的组成部分……标点符号在现代书面语里不是可有可无，而是一定要有。因为只靠文字来记录语言常常是不够的，还需要标点符号来帮助。”

苏培成（2010：6）列出标点符号总表。

在现代汉语书面语里，标点符号是篇章的有机组成部分。在网聊交际中，我们有时只用一个问号，就简洁表示发话人的疑问，其功能相当一个词。在正式文本中，标点点得是否准确，也是我们判断该文本质量高低的一个标准。

- 标点符号
  - 点号
    - 句末点号
      - 句号
      - 问号
      - 叹号
    - 句内点号
      - 逗号
      - 顿号
      - 分号
      - 冒号
  - 标号
    - 引号
    - 括号
    - 破折号
    - 省略号
    - 着重号
    - 连接号
    - 间隔号
    - 书名号
    - 专名号

苏培成（2010：10）提出“点号”和“标号”的概念，我们这里就考察7种“点号”（为表达习惯，还是用“标点”来表达“点号”）：句号、问号、叹号、逗号、顿号、分号、冒号。语料是网语、口语和书面语各500个小句。

1. 网聊话语中的七种标点

在网聊话语里我们发现小句的标点主要特点是很随意，有各种表现情况：没有标点的小句；多个标点的小句；一个话轮里，前面小句有标点，最后一个小句没有标点。

1）没有标点的小句

下面几个例子小句后都没有标点，不同的是例（3a－b）是一个话轮一个小句；例（3c－d）是一个话轮两个小句，两个小句都没有标点，但在两个小句中间有空格（这里用斜杠是我们加的，表示小句和小句的分界线，下同）。

(3) a	360 大 V 感觉不错
b	这算成功了吧
c	让她来群里 /看看有木有老大要的券/
d	昨天来拿了钱就走了/ 前天找我说订火车票的 /

2）多个标点的小句

例（4a）小句后是一个顿号、一个句号；例（4b）是两个句号；例（4c）是三个句号；例（4d）是“说”字后一个逗号，“的”字后（也就是小句后）又是一个逗号。“说”字后的逗号可能是打错的。

(4) a	311 的多少收、。
b	没需要。。
c	胶带也有得。。。
d	是今天早上我起来 9 点多和你说，的，

3）在一个有两个或多个小句的话轮里，前面小句有标点，最后一个小句没有标点。见下面例句。

(5) a	我等你半天了，/为什么你不理我啊/
b	东方现在有空了，/有苏宁券的速度/
c	谁要收苏宁的卷？/去加她吧 ~/
d	多又怎么样，/人家敢赔偿/

下面是七个点号的分布：

表 7－4　　网语七个点号分布

总	句号	问号	叹号	逗号	顿号	分号	冒号
234	93	22	5	105	1	2	6
%	39.74	9.40	2.14	44.87	0.43	0.85	2.56

表 7－4 显示，网语的点号使用频率从高到低依次是：逗号 > 句号 > 问号 > 冒号 > 叹号 > 分号 > 顿号。

2. 口语的七种标点

这里的口语要说明的是，口语的录音中是没有标点的，只有停顿。口语中的标点是转写者加的，带上了转写者的特征。

表 7－5　口语七个点号分布

总	句号	问号	叹号	逗号	顿号	分号	冒号
566	161	35	1	368	0	0	1
%	28.45	6.18	0.18	65.02	0.00	0.00	0.18

表 7－5 显示，口语的点号使用频率从高到低依次是：逗号 > 句号 > 问号 > 冒号—叹号 > 分号—顿号。

3. 书面语的七种标点

书面语中标点使用很规范，通常使用准确。在我们的语料里，没有发现本节第 1 部分中在网聊中出现的几种标点情况。下面是书面语七个标点分布的情况：

表 7－6　书面语七个点号分布

总	句号	问号	叹号	逗号	顿号	分号	冒号
583	160	14	9	341	28	4	27
%	27.44	2.40	1.54	58.49	4.80	0.69	4.63

表 7－6 显示，书面语的点号使用频率从高到低依次是：逗号 > 句号 > 顿号 > 冒号 > 问号 > 叹号 > 分号。

4. 分布趋向

1）标点总数分布

图 7－1 是网语—口语—书面语标点总数分布：

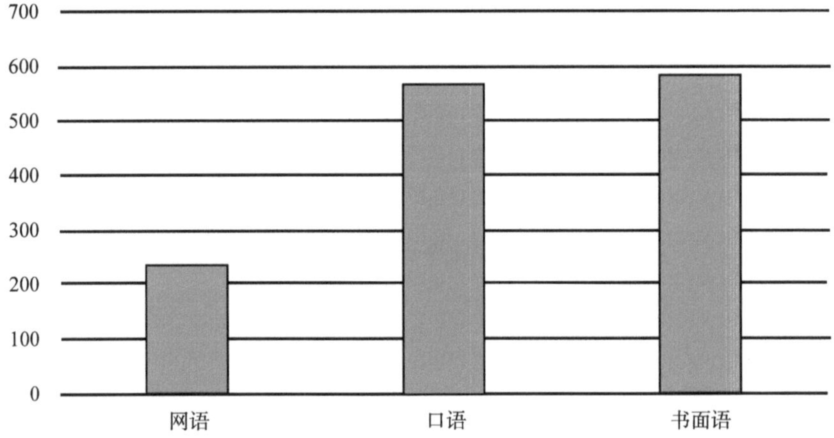

图 7－1　网语—口语—书面语标点总数分布

图 7－1 显示，从三种文体使用标点多少来看，口语和书面语相近，口语接近书面语的理由前面部分作了分析。网语还不到书面语的一半，这是网语的一个明显的特点。

2）逗号分布

图 7－2 显示，逗号在网语—口语—书面语中都是出现的数量位于第一，口语和书面语在数量上相差不多（口语略多一些）。网语就明显少了。

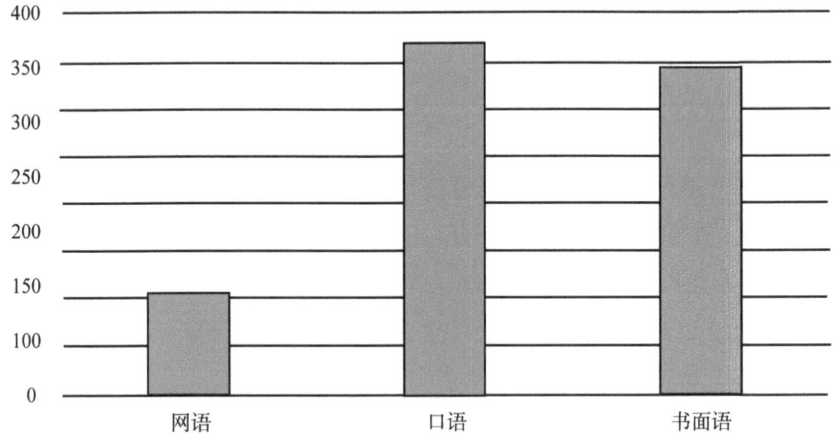

图 7－2　网语—口语—书面语逗号分布

3）句号分布

句号在网语—口语—书面语中都位于第二。口语和书面语在数量上基本相同，网语就明显少了。

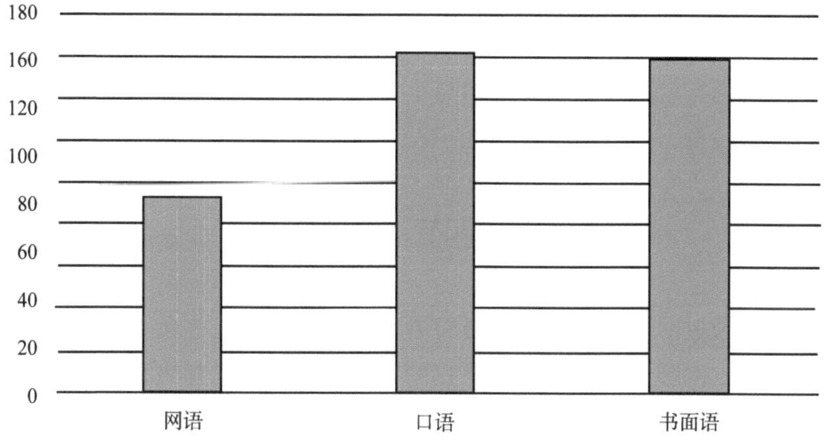

图 7 –3　网语—口语—书面语句号分布

4）问号分布

下列图 7 –4 显示，从这三个文体的绝对数来看，口语中最多，网语第二，书面语第三。问号在网语的七个标点中，位于第三；问号在口语中也是位于第三；问号在书面语中位于第五。

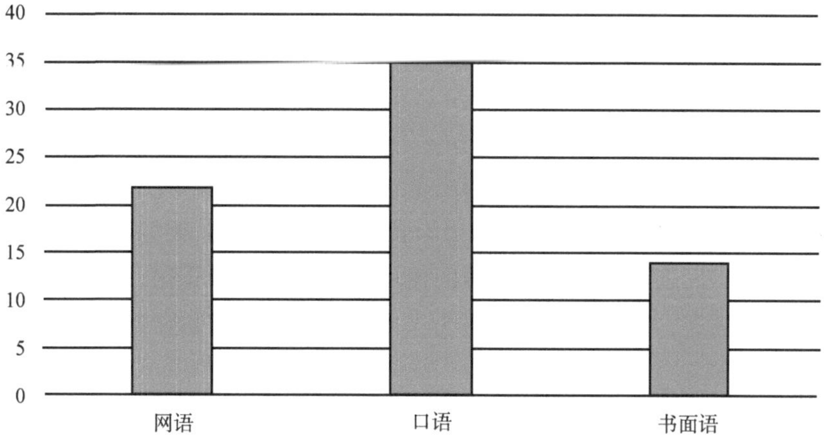

图 7 –4　网语—口语—书面语问号分布

从上面统计显示，另外四个标点（叹号、顿号、分号、冒号）有各自的分布，没有明显的趋向。

5. 小结

通过对口语和书面语对比，我们看到网语中的标点有明显两个特点：一是使用点号的随意性。比如说作者想连续点几个句号就几个句号，作者想不用标点就不用标点，小句与小句之间有时就用空格来表示；二是标点用得很少，还不到书面语的一半。

第四节　结语

本章通过对网语、口语和书面语的对比研究，在小句的长短和标点两个方面，网聊话语都表现出明显的特征。小句的长短方面，网语和口语大致相同，而书面语的小句就比较长。

标点的使用确能体现网语的特点，想用就用，不想用就不用。为了避免没有标点给对方造成的可能潜在的误解，网聊者经常采用空格来代替标点。小句的标点通常就不用了，因为一般来说，标点不用也不会引起理解上的歧义。我们研究结果显示，网聊中标点符号虽然感觉非常随意，但从功能角度来看，网聊中使用的标点有时的含义比正式的书面语中的标点更为丰富。如表达夸张和情感，例如多个感叹号“!!!”表示极度惊讶或激动，多个问号“???”表示疑惑或质疑，多个省略号“……”表示暗示或未完待续。如表示语气和重音，标点符号在聊天话语中还常用于表示语气和重音，例如用逗号“,”表示停顿或语气的转折，用感叹号“!”表示强调或重音，用问号“?”表示疑惑或疑问。聊天话语中还有一些特殊的标点符号，例如用斜杠“/”表示转义或情感，例如“/滑稽”、“/doge”等。这些符号常用于表达特定的意思，类似于表情符号。总体来说，网聊话语中标点符号的使用更加灵活和多样化，不仅仅是为了语法的需要，而更多展现的是为了表达情感、语气和强调，以及幽默讽刺等功能。

第八章

篇章分析:网聊话轮

第一节 引言

陈平（2015）分析了1925—2000年这75年中《语言》（*Language*）杂志所刊登的引用率最高的前20篇文章，其中萨克斯（Sacks）、谢格洛夫（Schegloff）、杰弗逊（Jefferson）（1974）合写的《会话话轮结构的最简分类》这篇文章的引用率名列第一。萨克斯等（1974）就是在这篇文章中最早提出“话轮”（turn-taking）的概念。陈平（2015：2-3）指出：

> 话语篇章可以分出不同的体裁，如故事、议论文、辩论文、会话等，这篇文章主要研究会话结构中的一个重要方面，即所谓“话轮（turn taking）”，就是两个或数人对话，轮流发言，或中间有人插话等语言现象。有关话轮的许多概念，包括它的结构模式和语言表现特点等，都是由这篇文章第一次提出来的，所以它堪称会话分析的开山之作。我们注意到，这篇文章的引用率比下面一篇高出近二倍。这中间可能有几个原因。我在2014年12月9日的第一讲中讲过，语言学研究对象在索绪尔《普通语言学教程》中，几乎就是只限于音位，加上一点词法，扩展到句法主要是乔姆斯基以后的事。但乔姆斯基的研究对象基本上限于单句，不承认更大的语言单位也有自己的结构特点和使用规律。Sacks 等这篇文章发表在1974年，可以说是开风气之先，把研究对象从单句扩展到话语，选取一种特殊的话语类型——会话进行分析，从中找出大量的带有规律性的语言特点。无论从研究对象还是研究方法上来说，这在当时都是非常新颖的。

该文揭示，表面看来似乎杂乱无章的随意对话、聊天，实际上在语句组织和惯用词语等方面都有自己的特点，遵循着相当严整的规律。这篇论文的影响力并不局限在语言学界，社会学家、心理学家、教育学家等都从这篇论文中受到很大启发，纷纷开始以会话分析或话语分析为工具，研究各种专业话语篇章的结构和词语特点。可惜的是，第一作者 Sacks 于发表这篇论文后的第二年便不幸在车祸中丧生，终年 40 岁。Schegloff 和他的其他同事则继续在会话分析领域里辛勤耕耘，不断有新的研究成果面世，Sacks 生前所收集的大量语料也都无偿提供给了其他同道自由使用。

萨克斯等（1974）文章发表后，国内外许多学者（Gu，1999：149－78；Crystal，2008：498；Edmondson，1981：42；刘虹，1992；左岩，1996；方梅，2000）在此基础上对话轮的形式、功能进行了不断深入的研究。马春燕（2014：103）根据前人的研究，总结了判别话轮的七个标准：

（1）看是否发挥了向上（backward）、向前（forward）和向下（downward）三重交际功能，如是，则属于话轮；

（2）说话人角色是否转换，如果转换，则属于不同话轮；

（3）重叠属于共享话语权的类型。完全重叠的话按照重叠人数计算话轮数量，不完全重叠的时候，原先的话轮延续，插入的话算另一个话轮；

（4）不重叠的共建话语实际上已经发生了角色转移，按照重叠人数计算话轮数量；

（5）说话人角色未转换，不管是否伴随停顿，话题有无明显的转变，都算一个话轮；

（6）无声的点头、微笑以及有声的“啊、嗯”等简短形式的判断参照第（1）条标准；

（7）沉默算一个话轮。

上面研究的话轮都是“面对面会话研究”范围的概念，也就是口语话轮。这一章我们讨论网聊话轮，探讨中会跟口语话轮作些对比。

第二节　什么是网聊话轮

口语话轮是切分自然会话的基本单位，它通常以说话人话语权的交换作为标志。萨克斯等在 1974 的论文中提出了话轮和话轮转换过程中的 14 个特征（1974：700－1），例如：包含说话人的转换；绝大多数情况下同一个话轮通常只有一个说话人说话；两人同时说话的情况偶尔也会存在，但时间很短，等等（徐赳赳、许家金，2009）。

网聊话轮跟面对面会话不同，有自己的结构和特点，话轮是网聊话语中的基本单位，我们暂且把网络聊天定义为“把上传者一次上传的内容作为一个话轮”。对网络话轮的定义有宽严两种考虑，宽式除文字外，包括上传的图片（现在“微信”还可以上传视频、语音等）；严式只指文字。我们认为宽式更能反映网络话轮的本质特征。本项研究为了缩小研究范围，又考虑到跟口语进行对比，暂且以文字话轮为主要讨论对象。如我们把网聊话轮和口语话轮作一简单对比，就会发现两者有相同的地方，也有不同的地方。相同的地方是都是以发话者（上传者）一次的内容为一个基本话轮。不同的地方是网聊话轮无重叠、无体态语、无沉默话轮，等等。

下面是确定网聊话轮的例子。例（1）是两人对话，我们认定共 6 个话轮；例（2）是多人对话，也是 6 个话轮。从内容上看，两个例子上下文都很连贯，跟大多口语对话相似：

（1）甲：	有木有一起学车的朋友啊。
乙：	想学 不知道报哪个驾校
甲：	你在哪个学校额？
乙：	理工
甲：	哦，我家开驾校的，南湖驾校。在南湖花园和华农可以学车。
乙：	多少钱啊

（2）甲：	群里有做行研的同学吗
甲：	请教
乙：	那个行业？
甲：	地产
丙：	我们公司有做地产行业研究呢
丁：	珠江地产怎么样

从谈话的人数来看，例（1）是网聊中两个人的谈话，例（2）是四个人的谈话（多人谈话）。从谈话的内容来看，上下文在语义上都是连贯的。

还有一种情况，一个人两次或多次连续上传，看下例：

（3）甲：	望京这边还有点意思
乙：	早晨就吃鹅肝？
甲：	不吃。。。
甲：	吃不下
乙：	昨晚突然想吃鼎泰丰
乙：	然后迷路了没找到地方，擦
甲：	我也喜欢鼎泰丰

例（3）这个例子中的网聊话轮跟口语话轮就有些不同了。

例（3）中，“甲”分两次接连上传“不吃。。。”，“吃不下”。这里我们看作两个话轮；“乙”也分两次接连上传“昨晚突然想吃鼎泰丰”“然后迷路了没找到地方，擦”。这里也看作两个话轮。例（3）我们认定是7个话轮。

如果是口语的话，例（3）中“不吃。。。吃不下”就有可能看作一个话轮，同样“昨晚突然想吃鼎泰丰然后迷路了没找到地方，擦”也有可能看作一个话轮。

第三节　话轮的特点

我们先回顾一下第二章中讨论过的有关毗邻对的概念和内容。

在对口语话轮的研究中，希夫林（1994：62）认为交际中的谈话“秩序”是体现话轮的最重要的特点，就是“毗邻对”。什么叫“毗邻对”？简单讲就是一问一答。

希夫林（1994：62）认为，交际中谈话的秩序指的是日常谈话是有一定秩序的，这种秩序是高层次规则的体现。这种秩序不是完全由语言的认知结构所控制的（虽然语法特征清楚地显示了句子特征），谈话的秩序反映了人际交往的社会组织结构。这种“言语交换系统”反映了话语转换的模式，明显具有口语交际的特征。看希夫林（1994：62）举的四个人对话的例子：

(4) 1	Henry：Y'want a piece of candy? (Henry：Y 要糖吗？)
2	Irene：　No. (Irene：不要。)
3	Zelda：　She's not on a diet = (Zelda：她没节食 =)
4	Debby：= who's not on [a diet (Debby：= 谁没有 [节食)
5	Irene：　[I'm on-I'm on a diet (Irene：[我在—我在节食)

例（4）中这段小对话看起来比较“混乱”，但是第1—2行的“问—答”，第3—4行的“陈述—提问”和第4—5行的“提问—陈述”这些“相邻对”使得该对话保持了“秩序”。每个相邻对中的第二个部分成为第一部分的另一部分，这样就形成了话题的“链”。就是说，第二行的回答成为第三行发话人 Zelda 的发话基础，以此类推。

巴克斯特（2010：122）还举了一个赫里蒂奇和格雷特巴奇（1991）

研究相邻对的例子，他认为毗邻对确实能从一个侧面展现会话中“秩序”的重要性。赫里蒂奇等（1991）研究的是新闻访谈的研究，这种采访的会话的最大特点就是你一句我一句的模式，如采访者先说引语，如陈述一件事，然后提问，这样被访者就回答采访者的问题。这种会话模式是通过“毗邻对”的形式表现出来的。他们的重点放在“毗邻对”是如何在有序的相互交流的系统中起作用的。见赫里蒂奇等（1991：99）举的例子：

（5）a	Interviewer：hhh the (.) price being asked for these letters is (.) three thousand pou:: ds (.) are you going to raise it (0.5) （记者：hhh，这些信的价格是三千磅，你准备加价吗（0.5））
b	Interviewee：at the moment it ... （continues） （被访者：现在这……（继续））

这个例子想要说明的是，话语参与者有义务遵循“问题—回答”的方式进行谈话，这种谈话方式是访谈中双方都需遵循的。

谈到“秩序”，需强调下面几点：

（1）话轮和毗邻对是秩序的表现形式

大部分会话分析者认识到，话轮为谈话的有序结构提供了基本的框架，这种有序排列的谈话方法，是相互交流的基础。这种交流是通过毗邻对结构、或者说是陈述—回答结构进行的。也就是说，如果第一个句子是问句的话，那么第二个句子通常是回答。

（2）秩序有正式和不正式的不同表现

会话有顺序的特点，有轮换的特点，这点大家都同意。德鲁和赫里蒂奇（1992）强调的是，秩序有正式和不正式之分，正式和不正式两者表现不同，在结构上也有差别。比如说，有些正式的讨论，顺序是比较严格的，讲话的顺序轮换也是非常有限的，有时是事先安排好的。但非正式的，结构就比较松散。

（3）秩序是有基本原则来规范的

可以推测，应该有一些基本的原则来规范互动中谈话的模式的。正如我们可以用理论来概括语法和句法一样，我们也可以通过对轮流说话规则的认识，探讨在什么情况下，人们会遵循会话秩序；在什么社会背景中进行互动沟通时，可能会打破这些顺序。我们也可以作出理性的预判会话分析要建立话语分析的系统化形式。

会话研究对语言学的贡献在于，它不断强化这样的观点，即有一些基本的原则规范了谈话式的互动，就像可以把这些规则理论化为隐藏在语法和句法背后的东西一样，我们也可以根据对轮流谈话规则的了解以及这些规则时常被破坏的情况，对参与者在各自的社会背景中如何建构对话的方式进行理性的推测。

当然在实际口语会话中，也有从意思上故意违反“问—答”这一模式，也就是“答非所问”，违背了秩序。见一例网上流传的例子：

（6）	老李：听说你在家打老婆孩子？ 老王：他们以前连饭都吃不饱，现在生活条件已经改善了很多。 老李：我是问你打过他们吗？ 老王：我们家的发展成就是全小区人有目共睹的。 ……

例（6）是答非所问的例子，给我们一个提示、一个思考。提示的是，在实际口语交际中，在形式上是遵循“A—B”这种相邻对会话模式，但并非遵循“问—答”这一秩序：“问”了，但没有“答”。思考的是“在什么社会背景中进行互动沟通时，可能会打破这些顺序”。

用希夫林（Schiffrin，1994）对毗邻对的思路来考察网聊话轮，基本思路是完全相同，但由于网聊的表现形式不是语音形式，基本形式是文字上传，所以口语中的毗邻对的概念和网聊中的毗邻对的概念有所不同，在下面几节讨论话轮中，还会涉及这些情况。

第四节　沉默话轮

在口语话轮中，通常把沉默也看作话轮。左岩（1996：15）介绍了莱文森（Levison）（1983：326）对沉默话轮分类并作了解释：

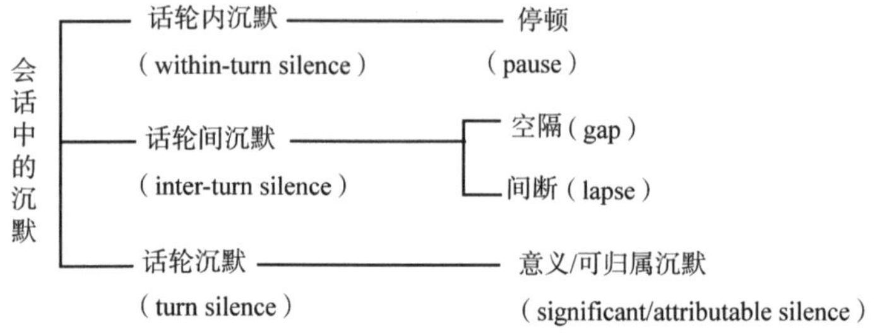

“话轮内沉默”和“话轮间沉默”这两个名称分别见于 Fasold (1990：108) 和 Tannen (1984：30)，是指沉默相对于话轮的位置而言，分别发生于话轮之内和两个相邻话轮之间；话轮沉默则是沉默单独充当一个话轮。话轮内沉默又称为停顿；而话轮间沉默再根据话轮转换则应用情况不同区分为“空隔”(gap) 和“间断”(lapse) (Levinson，1983)。具体如下：

空隔指应用规则 1 (b) 和 (c) 之前的沉默。即当 C 结束当前话轮且未选定 N 时，会话某方自选或无人自选 C 继续谈话开始下一话轮前的沉默。

间断指规则 1 (a)，(b) 和 (c) 无一应用时所产生的沉默。即 C 结束当前话轮后，既未指定 N 又无人自选，C 亦未继续谈话情形下的沉默。

单独充当一个话轮的又称“意义/可归属沉默”，指应用 1 (a) 后的沉默。即 C 在结束当前话轮前已选定 N，但被选者却保持沉默。该沉默便作为当前的话轮，属于被选定的 N，有主可归，故曰“可归属沉默”；这种沉默又包含丰富的意义，“无声胜有声”，故曰“意义沉默”。

我们考察网聊的话轮，需注意几个问题：

1）网聊是以文字形式上传，所以某个上传的话轮中间是否有停顿，停顿多久，读者没法断定。

2）网聊是文字上传，这样比起口语就多了一道加工，也就是多了文字加工的时间。如果 AB 两人网聊的话，B 如果是回应 A 的话语，那么就得先把 A 话轮的意思看明白了，然后 B 再把回复的内容或思想变为文字，这中间就有时间差。当然 B 跟 A 之间时间差还有其他形成的原因，假设 B 正在打字回复时，有人打来电话，B 先去回复电话，然后又继续打字，最后上传。这中间隔的时间就变长了。

3）如果网聊是多人，情况就更加复杂了。见下例：

（7）a	（177 xxx） 8：53：06 2000—300 的券是哪里来的
b	（794843 xxx） 8：56：53 昨天中午 11 点 12 点 领的
c	（794843 xxx） 8：57：01 还有 3000—500 的
d	（177 xxx） 8：57：16 哇靠～
e	（794843xxx） 8：57：20 可惜一个账户只能领一张，
f	（177 xxx） 8：57：21 现在还能领吗

例（7）显示，话轮 a 跟话轮 b 之间停顿了 3 分 47 秒；话轮 b 跟话轮 c 之间停顿了 4 秒；话轮 c 跟话轮 d 之间停顿了 15 秒；话轮 d 跟话轮 f 之间停顿了 4 秒；特别要注意的是话轮 e 和话轮 f 之间只有 1 秒，一般来说，看完话轮 a，然后再打字上传，通常的时间不止 1 秒，细心的读者会发现，话轮 f“现在还能领吗”这个话轮估计不是回答话轮 e 的，而是回答话轮 b—c 任何一个话轮都有可能，但不可能回答话轮 a，d，因为话轮 a，d 和话轮 f 是同一个作者。

从以上分析看出，网聊话轮跟莱文森（Levinson，1983）所介绍的面对面会话中的沉默话轮的特点，有相同的地方：上传话轮之间都会有停顿；但也有不同的地方：网聊停顿不能算话轮。

第五节 话轮的语义连贯

话轮和话轮之间一定是有连贯的，不然无法称为“篇章”。徐赳赳（2010：10）介绍了德博格朗（De Beaugrande）和德雷斯勒（Dressler，1981：4）对“连贯”的看法：

> De Beaugrande 和 Dressler（1981：4）认为，连贯指的是功能联系，或者说是有关“篇章世界”的各种概念相互依存和相互关联，篇章世界在这里指的是在形式篇章之下的“概念”结构和“关系”结构。“概念”可理解为人脑中存在的、可提出的、可激活的知识结构，也就是认知内容。De Beaugrande 和 Dressler（1981：4）特别强调：概念固然重要，但更重要的是头脑中概念和概念的联系，各种概念并非仅仅单个存在头脑中，而是需要通过“框架、脚本（script）、情境、图式”等理论概念从头脑里提取出来，组织起来。

在研究网聊中，我们发现，网聊话轮连贯跟口语话轮的连贯有所不同，口语会话以毗邻对的结构的连贯为主，我们暂且称为“毗邻对连贯”；而网聊比较复杂，有些“毗邻对”不那么典型，我们暂且称为“非典型毗邻对连贯”。

毗邻对连贯指的是两个话轮 AB 依次出现，两者之间存在着语义上的联系。如下例：

（8）a	xx（34333xxxx） 20：13：09 几十个亿还不值得跑？
b	xxxx（81502xxxx） 20：13：20 跑的了吗

例（8）两个话轮就是毗邻对连贯。第一个话轮以问的形式说的是钱多值得跑（问），第二个话轮根据第一个话轮问话的意思，用反问句的句式表示“想跑也不一定跑得了”的意思，起到“答”的作用。两个毗邻的话轮语义很连贯。

非典型毗邻对连贯指的是某个话轮并非跟上面毗邻的话轮在语义上有连贯性，而是跟更早出现的话轮有连贯。简单说，就是非典型毗邻对连贯的特点是超越毗邻对的连贯。在网聊中经常会看到非典型相邻对的语义连贯。网聊中的这种非典型毗邻对结构，前人已有涉及。徐赳赳、许家金（2009：381）介绍了宁天舒（2003）的研究：

> 宁天舒（2003：80）观察到“会话过程中计算机屏幕上所显示的对话不是按照逻辑序列排列，而是诸多话轮交叉（interwoven）在一起。例如，在一个只包括两个用户的网上聊天室内（聊天室的一种存在形式，即一对一聊天），在‘问题回答’（Question-Answer）这一序列中话轮可能会呈现出下面的情形（P1 代表用户 1，依此类推）”：

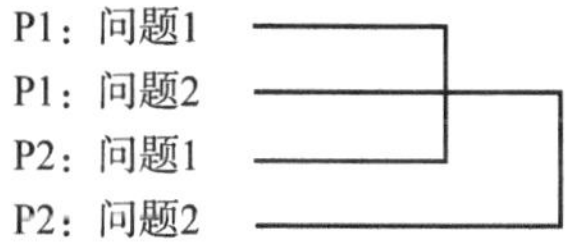

徐赳赳、许家金（2009：381）发现他们的语料中出现的模式比宁天舒（2003）发现的模式更为复杂（引文中的例子是原文的排列）：

> 我们这里讲的复杂表现在两个方面：1）问题—回答的模式有多种；2）这种交叉的模式并非只限于问题—回答。
>
> 我们来看我们语料中的例子：

(9)	思辩 2004－10－9 17：04：32 你用过合并 word 和 txt 的工具吗	1
	思辩 2004－10－9 17：04：41 我查找过	2
	思辩 2004－10－9 17：04：41 没有找到	3
	隐忍以行，戒骄戒躁。2004－10－9 17：05：02 “文本文件合并器”只能合并 txt 文件	4
	隐忍以行，戒骄戒躁。2004－10－917：05：30 但有把 word 自动转换的工具	5
	隐忍以行，戒骄戒躁。2004－10－917：05：39 如 doc2txt	6

例（9）中的问题—回答的模式可以是下例（10 a），也可以是下例（10 b），“A 话轮”指例中第一个发话者“思辩”，“B 话轮”指例中第二个发话者“隐忍以行，戒骄戒躁”：

<table>
<tr><td>(10)</td><td>
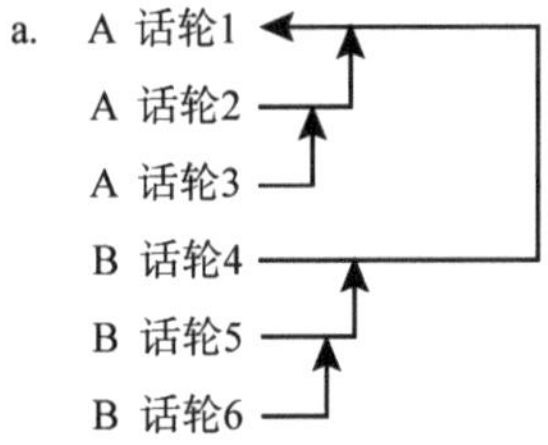

</td></tr>
<tr><td></td><td>
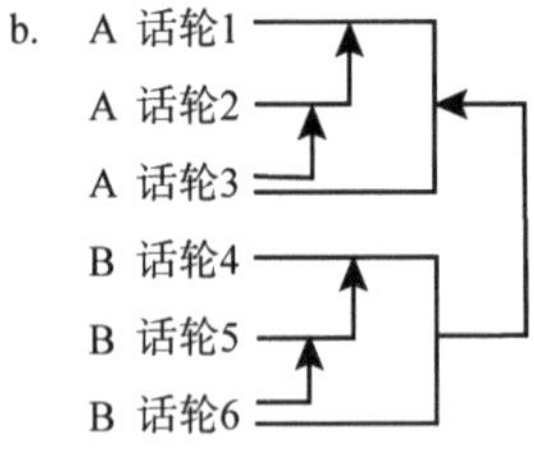

</td></tr>
</table>

例（10）a 可以看成：“A 话轮 2”是补充“A 话轮 1”的内容，“A

话轮3”是补充“A话轮2”的内容；“B话轮5”是补充“B话轮4”的内容，“B话轮6”是补充“B话轮5”的内容，“B话轮4”回答“B话轮1”。例（10）b也可以看成“B话轮4—6”话轮直接回答“A话轮1—3”。

宁天舒（2003）和徐赳赳、许家金（2009）提到的例子相对比较复杂，在我们语料中不多，大量的常见的非典型相邻对连贯是中间隔了1—n个话轮，看几个例子：

（11）a	广西－xx（92148xxxx） 17：19：30 你用的是什么涂料
b	广东－xxx（15xxxx） 17：19：32 木有啊
c	上海－xxx（28668xxxx） 17：19：51 多乐士5合1

（12）a	01－HR/金融－xx（11031xxxx） 11：33：52 什么叫飞水？
b	06经管xxx（41962xxxx） 11：34：00 1. 鸭子切块，飞水，沥干待用。2. 开火，热锅，小火，把鸭子倒入，加料酒，慢慢翻炒，逼出油来。注意，是小火。3. 鸭肉收缩，油出的差不多的时候，下花椒、干辣椒、姜蒜煸炒，这时候会很香。4. 下啤酒、酸萝卜，焖十分钟，之后大火收汁，加老抽，起锅即成
c	01资环xxx（4787xxxx） 11：34：04 佳佳你为啥不调部门
d	06经管xxx（41962xxxx） 11：34：10 这是私家做法，市面上很难见到的

续表

e	02 遥感 xx（9370xxxx） 11：34：18 飞水就是过滚水烫一下

（13）a	04 图专 – xxx（28512xxxx） 16：01：29 啥叫 sm
b	99 计科 xxx（597xxxx） 16：01：42 有的，区别邀请的方式节奏不同
c	03 印 xxx（11774xxxx） 16：02：00 我东二环朝阳门 @02 动机张云鹏
d	00GPS xxx（4150xxxx） 16：02：10 我觉得段子奎最近有点上脑啊
e	06 经管 xxx（41962xxxx） 16：02：13 我仿佛看到了娟娟若隐若现的 xxx
f	00 小数学 xx（10xxxx） 16：02：16 我东二环朝阳门 @02 动机 xxx
g	04 大水院 xx（17866xxxx） 16：02：18 @04 图专 – xxx SM 是韩国的一个公司

下面是例（11 – 13）的三个例句的图例：

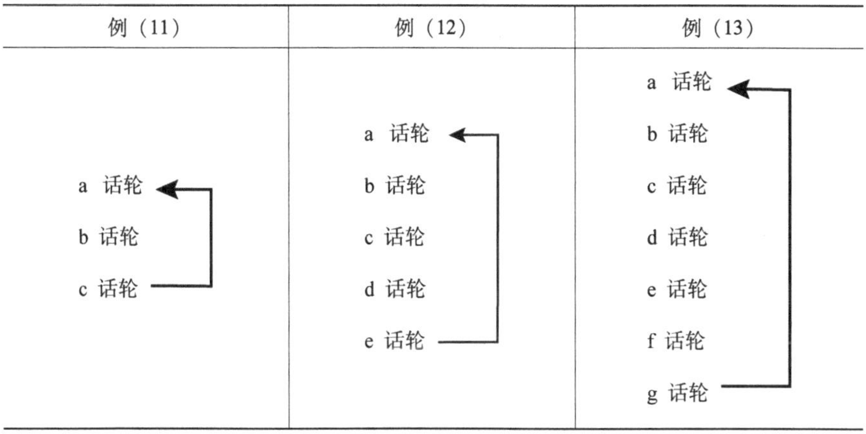

图 8－1　例（11－13）话轮语义连贯图

例（11）图显示的是“c 话轮”是回答“a 话轮”，中间隔了 1 个话轮。

例（12）图显示的是“e 话轮”是回答“a 话轮”，中间隔了 3 个话轮。

例（13）图显示的是“g 话轮”是回答“a 话轮”，中间隔了 5 个话轮。

第六节　话轮中的小句分布

我们这里主要考察网聊话轮中的小句分布。网聊话轮有时就一个小句充当（见例 14a），有时一个话轮由多个小句组成（见 14b）。看下面的例子：

（14）a	太 xx（118796xxxx） 20：50：26 对
b	水 x（17875xxxx） 17：17：17 我就知道去年有个同事半年没上班。。回来呆了一个月觉得没意思。。自己辞职了。，。，。

这里要说明的是，在网聊中，话轮经常是由“贴图”组成。比如用一个笑脸来表示“高兴、同意”等意思。我们这里主要讨论话轮中的文字小句分布，暂且不把贴图列入统计范围。

语料显示，300 个网聊话轮中，共有 445 个小句，平均一个话轮有 1.48 个小句。

再来看一下口语话轮的情况，300 个口语话轮中，共有 1164 个小句，平均一个话轮有 3.88 个小句。

下面的图就看得更为直观：

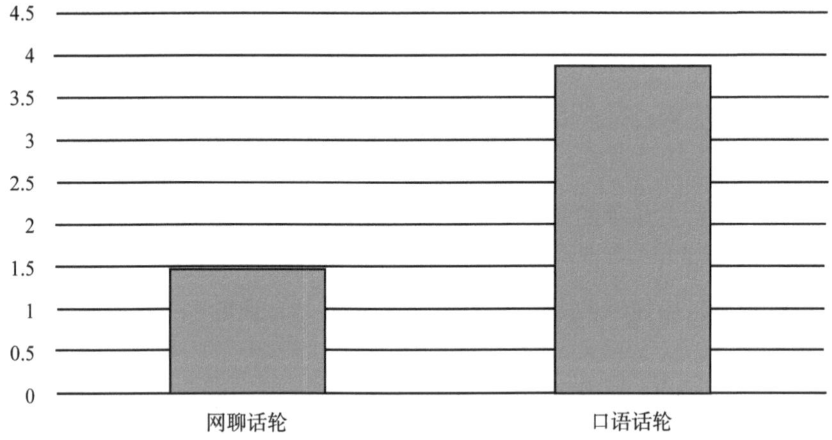

图 8－2　网聊话轮和口语话轮中的小句分布

口语话轮中的小句比网聊话语中的小句多一倍多这种现象可能有多个原因：口语会话中，通常会表达一个相对完整的话题，听者可能顾及面子等各种因素，通常不会打断说话者，这样一个话轮相对就比较长。网聊上传没有考虑相对完整的主题、顾及面子等因素，有一点“内容”便可上传，再有一点“内容”，再继续上传。如果上传者考虑很周到，打了很多文字，等你上传或准备上传时，可能其他人已经把你要表达的意思表达了。所以，方便快捷，是造成网聊话轮小句较少、小句相对短的一个重要因素。

第七节　结语

本章中讨论了几个有关话轮的问题。话轮是会话分析中的基本单位，我们本章讨论的是跟会话话轮密切相关的网聊话轮。网聊话轮跟口语话轮有相同的地方，也有不同的地方，一个重要的原因是两者表达方式不一样：口语主要是通过语音表现的，网聊主要是通过电脑用文字表现的。会话话轮和网聊话轮在结构上，语义连贯上都表现出自己的特征。我们这里要强调这样一种观点，即会话中构成的一问一答，在理解中要紧密结合语言使用的环境，以及会话者大脑中存在的百科知识。那么网聊话轮，这正是这章中值得我们思考和讨论的问题。

第 九 章

篇章分析：转帖和贴图

第一节　引言

“转帖”是网语，在网络的论坛上发言叫“帖子”，顾名思义转帖是指把其他的信息并通常未注明出处的情况下一字不漏地上传。那么，如何判断某个话轮是“把其他的信息并通常未注明出处的情况下一字不漏地上传”呢？实际上，如果作者没有声明某某话轮是转帖，读者有时很难“断定”某个话轮就是转帖，只能是通过自我“判断”来确定某个话轮是否是转帖。见一个转帖的例子：

（1）a	爱投 xxx003（171605xxxx） 11：41：58 这个需要等国家政策
b	xx（17258xxxx） 11：42：04 用行业协会做监管 有个公用风险金账户
c	笑 xxx（67318xxxx） 11：42：09 瑞懿 xx（614xxxx）11：15：53 这次洪水让我们知道了房子要买城东的 手机卡要买电信的 家里是要多备点食物的 充电宝需要拥有的，宝马 车是不能买的，救灾的都是作秀的，保险公司是不保险的，方便面还是能派上用场的，朋友是要多认识的 记者是瞎报道的 新闻媒体是不可信的　余姚人民是坚强的 !!（转）

续表

d	xx（17258xxxx） 11：42：29 只能投资国债和存款

我们把例（1c）这个话轮暂且看作是“转帖”［这个网聊话轮最后还标明了“（转）”］。

跟口语和书面语相比，转帖有自己的独特性，也有相似性。独特性是指转帖采用电脑“复制”“粘贴”这种方式把“客篇章”的内容引进“主篇章”（徐赳赳，2018：导言）。相似性就是指转帖跟口语中的重述（前人的话）有些类似，跟书面语中的直接引语相似。

如例（2）中的网址，我们就看作是转帖话轮。

（2）	南五－xx（117945xxxx） 10：27：27 SONY hx 系列是主动式 但貌似停产了 http：//www. sonystyle. com. cn/products/bravia/hx750. htm

例（2）既有文字，也有网址，我们在统计中暂且看作是一个转帖话轮。

贴图指的是表情图在网聊中的使用。

第二节　转帖

一　转帖和互文

转帖可以看作是互文（intertextuality）的一种表现形式，称为“转帖互文”。转帖是把客篇章的内容引进主篇章，符合互文的概念和定义，互文详细讨论，可见徐赳赳（2018）的论述。

二　转帖的功能

转帖在网聊中有着独特的功能：双重性功能、便利的功能和调节气氛的功能。

（一）双重性功能

徐赳赳（2018：导论）提出互文具有双重性功能的观点：

> 这里的双重性指的是互文意义的双重性。一重意思是被引的客篇章的内容在原来篇章中的意思，另一重意思是引进篇章后产生新的意义。
>
> ……我们认为，被引用的成分，因为处于原文的语境中，自然有自己的意思。引进主篇章后，“语境”变了，是新的语境了，那么这个引进的内容的意思可能就有变化，如果是采用“间接引语”，那么意思的变化可能更大了。但是进入主篇章的内容，也一定继续保留某些原来的信息。这样就形成双重意思：既有客篇章中的原来的意思，也有进入主篇章后的产生新的意思。

既然转帖是一种互文形式，那么把原文以转帖的形式引进网聊篇章后，就会产生双重功能：原文所表达内容的功能以及进入网聊后所产生的功能。

（二）便利的功能

转帖的内容通常比一般的上传的话轮字数多（字多），或者较复杂（网址）。例（1c）如果发话者打字的话，那就需要不少时间，而转帖就便捷方便，还不易错误。如果自己打字的话，很容易打错的，我们在“词法分析”中分析过错误的概率和错误的类别显示，自己打字错误率比较高。

随着现在从 QQ 走向微信，转帖的功能更加强大。见图 9 - 1（表身份的内容用马赛克）：

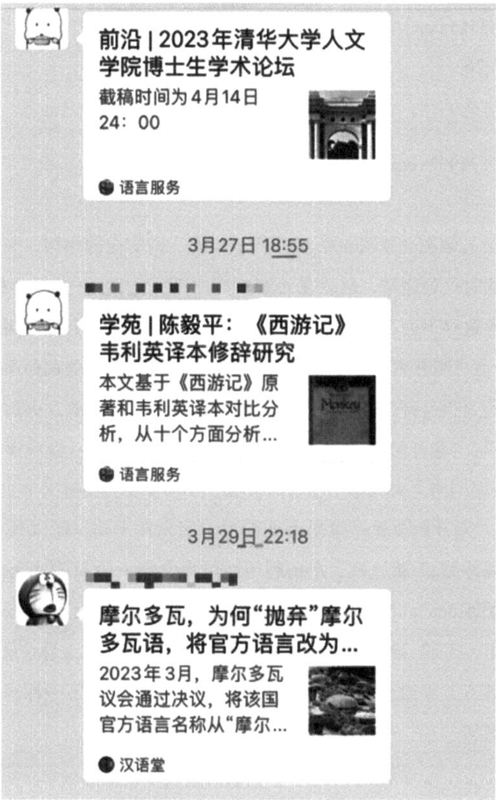

图9－1　微信截图

在这个截图里，只显示一个题目，几句要点。如要看，就通过点击，便可打开。这就一般不是几句话了，通常的有头有尾的一个完整的篇章，可能还是多个篇章。特别注意的是，有的转帖中还有视频，更加形象。

（三）调节气氛的功能

我们发现在网聊中，转帖往往会起到一种调节气氛的功能。在本项研究“词法分析”中提到，通过高词频的词，我们能大致知道某个群所讨论的主题。语料显示，有的转帖跟主题有些关联，比如说例（2）中的网址，进入这个网址的网页，可能会提供很多新的信息，这些信息应该跟“SONY hx 系列是主动式 但貌似停产”这句话主题有联系，下面这个例子也是跟主题有些关联的：

（3）a	小 xx（83515xxxx） 14：55：26 最后一句亮了。。。
b	江湖 xx（91992xxxx） 14：56：59 IT 小职员五年在北京买 500 万房子 五年前，刚毕业的小柯，只有不知名大学的学历，求职时处处碰壁，最后在北京某间小 IT 公司上班担任小程序员。过了半年，小柯觉得这样下去不是办法，突然觉醒，决定订出一个五年买房计划，步步规划彻底执行！“刚开始真的很痛苦，什么交际应酬与娱乐消费都不能做了” 小柯回忆道。但是回想起自己过去的人生，其实也这样浑浑噩噩，突然有一股声音在自己体内觉醒，“我开始利用下班时间去上财务规划课程与程序课程，增加自己的实力。” 利用网络上大大小小免费的资源，小柯发现自己过去学生生涯实在浪费了很多时间。“刚开始会觉得很懊悔自己过去到底在干嘛，所以现在有机会反而更努力，加强冲刺。” 就这样，小柯利用通过大大小小的 IT 技能检定考试，让公司逐年帮他加薪 3%。“除了薪水成长还不够，我还去报名了许多管理课程，认识许多业界杰出人士。” 通过这样的交流，逐步建立起自己的人脉。最后，靠着这五年来累积的五万，再加上父母给的 495 万，小柯买下人生第一栋房子，而且是在北京市三环区域
c	xx（34333xxxx） 14：58：49 最近这很多啊
d	南五 - xx（117945xxxx） 14：59：32 很流行
e	南五 - xx（117945xxxx） 14：59：50 我只看了第一段幸福感油然而生
f	南五 - xx（117945xxxx） 14：59：58 然后跟大家分享一下
g	南五 - xx（117945xxxx） 15：00：08 结果亮点儿在下面第二段

续表

h	xx（10543xxxx） 15：05：37 都是写北京的段子啊

例（3b）我们看作转帖，转帖话轮讲了一个较为完整的故事，跟主题“房子”有关，引起了他人多个话轮的响应，给网聊增添了一些新的活跃气氛。

有的转帖跟主题并没有什么关系，如例（4b）这个话轮，跟前后两个话轮基本没关系，跟整个网聊群的主题也没什么关系：

（4）a	江湖 xx（91992xxxx） 11：06：09 我出去玩都是走哪玩哪
b	南五－xx（117945xxxx） 11：06：20 早晨我在阳台吃馅饼，听楼下有一男的跟女孩表白，他说：“做我女朋友好吗?”女的说：“别扯了，我能跟你，除非天上掉馅饼!”我想都没想，半拉韭菜鸡蛋馅饼朝那女的脑袋撇下去…然后心里默念：加油吧，小子！我也只能帮你这么多了…
c	蓝色 xx（132523xxxx） 11：06：27 骗子九寨沟和丽江哪个好玩啊

例（4b）这里转帖的目的，据推测就是娱乐一下。

下面一个例子是网聊者转帖后，此人声明这是娱乐的：“哈哈，亲你笑了吗？动动你的手指头转发出去，独乐乐不如众乐乐”：

(5) a	木 xx（174734xxxx） 9：30：06 …… 老师：…… 小明又出现了…… 老师："多位数减法，遇到低位数不够减时，就向高位数去借。"小明："高位数不借怎么办?"老师："你出去……!"老师讲圣经，讲到大洪水把地球上生物全淹死了。小明问老师：你确定？老师说：确定。小明：那鱼呢？老师：你出去！老师突然发话："好，谁要是能答出我问的下一个问题，就能直接下课回家。"小明当即把书包往窗外一扔。"是谁扔的?""我扔的！那我回家了啊……"老师：…… 老师出对联"国兴旺，家兴旺，国家兴旺"。班长对下联"天恢宏，地恢宏，天地恢弘"。小明对的下联是"你妈的，他妈的，你他妈的"。老师："你出去!"老师说："猪是一种很有用的动物，它的肉可以吃，它的皮可以做皮革，它的毛可以佬刷子，现在有谁说得出它还有其他用途吗?""老师，"小明答，"它的名字可以骂人。"老师："你出去!"老师："请大家想象一下，假如你在一个有恐龙的世界里，而有一条正准备要吃你，你该怎么办?"小明："这还不简单！马上停止想象就行。"老师："你出去!"历史课，老师问小明：你知道李时珍的著作是什么吗？小明答道：我不知道他的著作但是我知道他死前最后一句话说的是什么。老师很好奇，问他说什么。
b	木 xx（174734xxxx） 9：30：32 小明：这草有毒……老师：你出去！哈哈，亲你笑了吗？动动你的手指头转发出去，独乐乐不如众乐乐

根据我们观察，我们语料中的大多文字转帖（不包括网址转帖）跟主题没什么关系，纯粹为了娱乐。

三 转帖的内容

上节我们提到，转帖的内容有两种，一种是跟主题有关的，一种是跟主题没有关系的，我们的语料显示，如果是语言转帖的话（有时包括网址），大多跟主题没直接关系。下面举例的是转帖主要的几个方面内容：

表保健：

（6）a	1. 怎么美白皮肤，嫩肤。2. 怎么去痘痘，痘印。3. 怎么去眼袋，黑眼圈。4. 怎么收去黑头，缩毛孔。5. 怎么淡斑。6. 怎么去皱纹。7. 怎么做 diy 美容面膜。8. 怎么遮盖黑眼圈。9. 怎么为眼睛化妆。10. 怎样化妆才是正确的顺序。想知道怎么解决，加群 218337533 验证 520
b	【艾蒂妲温馨提示】美丽花茶喝掉眼睛干涩疲劳：1. 杞子甘菊茶：退肝火、明目。2. 素馨花茶：养目和排毒养颜。3. 决明子茶：决明子有明目排毒的功效。4. 菊花茶：清热解毒去肝火，缓解眼部疼痛。5. 玫瑰花红茶：消除疲劳保护肝脏。6. 甘草绿茶：清除体内毒素。7. 桂花绿茶：养生润肺，保健眼部。科学肌肤测试器：http：//888. atido. net/zr6

表广告：

（7）a	正规信用卡办理 QQ：15652xxxx 本公司是直接和各银行的业务经理、审卡中心审核员合作，信用卡办理流程：1. 只需提交个人二代身份证。2. 其他相关资料（工作证明、收入证明等）由本公司为你递交。3. 银行审核资料，时间 1—3 个工作日；资料审核通过，3—5 天下卡。4. 保证下卡，按客户要求由银行送卡公司承诺：规定时间内信用卡代办没下卡，公司赔偿双倍办理费。欢迎新老客户光临。信用卡办理，咨询 QQ：15652xxxx
b	【xx 驾校三队报名优惠】省心！报名费 4600 全部包干，中途不交任何费用！包括科目二，科目三看考场费用！非一般驾校、黑驾校能比！无与伦比的学车速度！控制招生数量，一名学员对应一个名额，外地、武汉户口均可两个半月完成所有科目考试！能以此速度毕业的驾校屈指可数！科目 1、2、3 大巴车接送。条件优越，有想学车的朋友可以联系我哦，机不可失！正规报名地点，报名即体检、录入指纹。QQ 42581xxxx　tel 1862799xxxx

表搞笑：

（8）a	汉语版：圣诞快乐！江西版：生蛋快落！闵南语：心蛋快裸！英文版：哈皮克瑞死么死！俄语版：买个萝卜切吧切吧炖了吧！韩语版：空起哇 撒起哇 哭死米塔 日文版：锅你得洗哇 碗你得洗哇 盆你得洗哇 锅碗盆你得洗哇～～/提前祝你圣诞快乐!!! 啦啦……

续表

b	评论股市：现在的中国股市基本上属于，老板进去，瘪三出来．人才进去，棺材出来．博士进去，白痴出来。杨百万进去，杨白老出来．进去的时候想发财，出来的时候想发疯．握着双枪进去，举着双手出来．小康家庭进去，五保特困出来．拍着胸脯进去，抽着耳光出来。

表哲理：

（9）a	这个世界是一个很物质、特别容易迷失的世界，我们年轻人，特别容易在物质里迷失。你见过大山大水，你有一个高山的胸怀，你就会在这个世界上，知道我内心想要的东西：一方面，就是我们自己更适应这个世界，另一方面，就是我们也更快乐，也会把更好的东西带给身边的人。
b	七画是“男”，三画是“女”，七加三才是十全十美。于是，男人拿走了七分权利，女人只有三分！体力上男人是七，女人是三；但耐力上女人是七，而男人是三。男人们聊天，七分谈理想，三分谈女人；而女人则七分谈男人，三分谈理想。于是，男人征服世界赢得女人，女人征服男人赢得世界。男人的誓言，七分是假，三分是真。于是，男人不坏，女人不爱。男人希望女人三分妩媚、七分苗条，女人则希望男人有三顶乌纱帽七根金条。是的，男人常赞叹：你真美！女人常感叹：你真有钱。女人的外貌，三分靠长相，七分靠打扮。于是，男人胆大去经商，女人胆大不化妆。男人一生七分时间用来思考，三分时间去表达；女人一生七分时间用来表达，三分时间去思考。于是，有些话男人想想就不说了而女人不想就说了。女人把自己的七分给了家，剩下三分给父母；男人七分给事业，剩下的给妻子、儿女、父母、情人。男人对感情是，七分是性三分是情，女人对感情是七分是情三分是性。男人可以三分是男人，七分是女人；女人可以七分是女人，三分是男人。男人不喜欢七分精明的女人，同样，女人不喜欢七分老实的男人。女人都有七分的自信，三分的不确定。所以女人总是问男人：“我穿这件衣服好看吗?”男人则是七分的不耐烦加三分的敷衍，看都不看就说：“真好看!”在五彩缤纷的外部世界，女人占去七分色彩，只留下三分给男人，于是有“花姑娘”；在同样绚烂的内心世界，男人花七分去欣赏别的女人，只留给爱人三分的忠诚，于是有“花花公子”。男人七分爱数学，三分爱文学。于是，男人就用三分的浪漫征服女人，又用七分的理智掌握她。其实最甜美的爱情是三分得到，七分想要；而最稳固的婚姻是七分得到，三分想要。所以婚姻不甜蜜是因为女人让男人得到的太多了！说的这些七分是真理，三分是儿戏！

表情感：

（10）	今夜，又是雨城我踯躅在细雨间幽幽地，失魂雨声是回忆的箫笙唤醒了我心中的女神＿＿＿＿＿曾无数次梦见骄傲的你，在我怀里小鸟依人我希望，永远在梦里醒来以后一切都消散了只有枕边，浅浅的昨夜的泪痕＿＿＿＿＿雨渐渐停了你渐渐远了箫声渐渐淡了但我会记得那段逝去的青春不是虚度因为，你，是我的女神

表社会热点：

（11）a	2013 年年终总结：最惊人的离婚：王菲/李亚鹏。最坑爹的孩子：李天一。最响亮的名称：中国大妈。最想上头条的人：汪峰。最残忍的事件：摔婴。最低调奢华的称呼：土豪。最担心的问题：推迟退休。最欢迎的节目：爸爸去哪儿了。最闻名的蜗居：井底。最持久的天气：雾霾。最大义灭亲的胖子：金正恩。最可爱的人，正在读信息的你。提前祝大伙元旦快乐！
b	【李天一犯强奸罪获刑十年】备受关注的李某某等人强奸案 26 日上午在北京市海淀区法院一审宣判，法院以强奸罪分别判处被告人李某某有期徒刑 10 年；王某（成年人）有期徒刑 12 年，剥夺政治权利 2 年；魏某某（兄）有期徒刑 4 年；张某某有期徒刑 3 年，缓刑 5 年；魏某某（弟）有期徒刑 3 年，缓刑 3 年。

关于转帖的内容，可以说是五花八门，上面举的只是几个主要方面的例子。

四　转帖的分布

上面谈到，转帖涉及各方面的内容，给网聊增加信息，提高活跃性。这里我们讨论一下转帖在网聊话轮中占的比例，下表是我们六个语料中，转帖所占的比例：

表 9－1　　转帖话轮分布

语料	话轮（个）	转帖话轮	百分比（%）
语料 1	35892	232	0.6

续表

语料	话轮（个）	转帖话轮	百分比（%）
语料 2	27221	267	1.0
语料 3	98213	2414	2.5
语料 4	68412	758	1.1
语料 5	12631	194	1.5
语料 6	3549	102	2.9
总计	245918	3967	1.6

表 9－1 显示，转帖占总话轮有多有少，最少的是 0.6%，最多的是 2.9%，两者相差 4 倍多，什么原因现在还不清楚。从我们的语料来看，转帖很随意，可能是有些人对转帖有兴趣，就多转帖一些。我们的总计显示，转帖占总话轮的比率是 1.6%。

需要说明的是：

（1）我们这里统计的转帖话轮，既包括文字转帖话轮，也包括网址话轮。

（2）有的转帖话轮中，既有文字也有网址，我们看作是一个转帖话轮。

（3）转帖话轮在所有话轮中的比率不高，只占 1.6%，但是据我们观察，每个转帖话轮的小句及字数都比较多（网址话轮除外）。

第三节　贴图

王明漩（2018）认为：第一代表情包为单一的 emoj 拟人表情，主要特点是静态单一，依托在线聊天软件存在。2003 年，QQ 在线聊天软件拥有了表情发送功能，推出以 emoj 为原型的临摹表情包“小黄脸”，从此以后表情符号登陆中国网络通信，标志着非语言符号可视化传播。随着网络交流的普及，“小黄脸”使用频繁度越来越高，使用范围越来越广，人们对交际需求也更加多样化。表情图传播进一步发展，网民开始通过聊天软件中的文件传输功能，在聊天框中发送能够表达自己意思的图片。

如果说网聊跟口语对比有很多不同点的话，那么贴图就是网聊特有的表现方式之一。贴图的功能类似文字，如表达一些简单的意思时，如“好”“同意”“开心”“伤心”等，用得恰当会觉得比文字来得更方便、更活泼。

一　贴图的类型

（一）系统自带的

QQ 和微信都有系统自带的表情图：

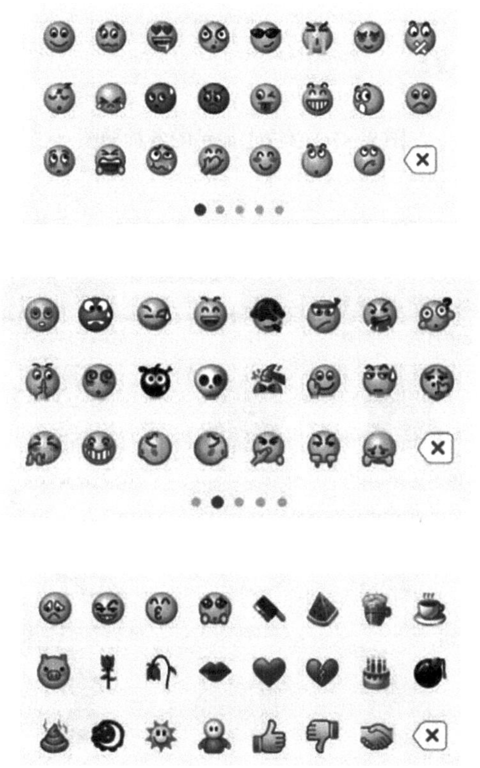

图 9－2　苹果手机上自带的表情图

（二）可以下载的表情图

系统自带的表情图不够用的话，可以在网上或者手机上下载各种更为丰富的表情图。

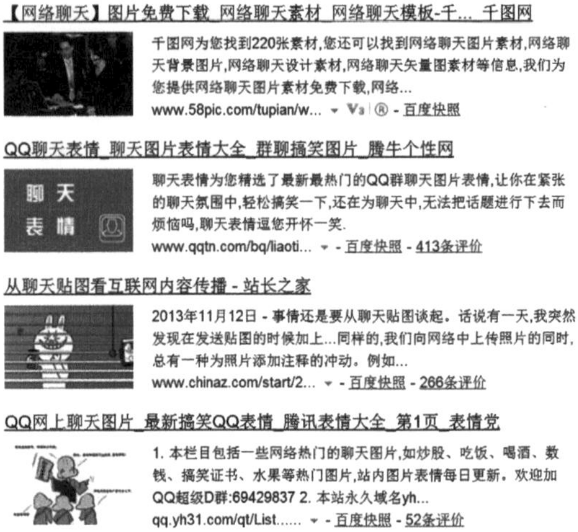

图9－3　百度上显示的各种贴图

图9－4　手机上可供下载的微信贴图组

（三）动画

在微信上，不仅仅是贴图，还可以上传动画视频，更加觉得活泼。

二　贴图的使用

在我们的语料中，以及当前使用的微信中，我们观察到的情况是，贴图很受使用者的欢迎，使用频率也越来越高。网上有人提了个问题：为什么大家喜欢使用表情（贴图），有各种不同的回答，这些回答基本上能说明为什么大家喜欢贴图。

（12）	问：	在网上聊天时（qq、微博等），大家为什么喜欢用表情图？
	答$_1$：	其实非常简单，在非面对面交流的过程中，表情是能够帮助沟通的。 至于Q2，大概是因为我懒得大段文字来传递信息，特别是直接的情绪传递。
	答$_2$：	(^_ ^) 我是习惯语言生活化 年轻受众应该是喜欢个性化，就像孔雀开屏一样
	答$_3$：	官方自己的表情图讲究的是风格统一，其色彩、构图以及风格和软件本身搭调。 但是用户使用表情在乎的不是这些，而是表情是否精准地表达自己当时当刻的心情。显然，官方的表情图还没丰富到能精准的表达每个人不同心情的地步。 大众对于审美也是迟钝的。这是为什么很多人在Iphone上贴点花、钻石，将背景弄得花里胡哨时也感觉很漂亮的原因。除非官方强制性用统一的壁纸，否则他们不会感受到自己滥用壁纸对手机整体气质带来的破坏。同样，也只有极少数人会意识到使用风格各异的表情图，会对APP本身的美带来违和感。 审美观极少数人有，但是欲望人人都有，绝大多数的用户还是希望多弄点表情放在电脑里，即便很多表情一辈子用不上，这和很多人将书籍大批大批地买回来却不读是一个道理。

续表

	答$_4$：	我想了想，自己答一下，我觉得理由有以下几点： 1. 表情之于所有人来说，几乎都能被接受。我觉得这是非常重要的前提。查了下微信里的表情包，几乎90%都是来自卡通漫画形象，我一直觉得，卡通形象对于所有人来说，从小都能接受。也许是人类一种天生的认知习性，也许是因为从小开始周围人给你太多玩偶，太多动画片，让你自小对这种卡通符号有种天然的亲切。所以无论你活到20岁，30岁甚至60岁，都可以轻松的欣然接受这种符号，幽默感表达几乎不被任何人拒绝。 2. 表情之于文字表述来讲，更夸张，常常很容易表达“到位”，发出者非常容易表达自己的感情色彩，接受者也非常容易get到。 3. 表情起码“政治正确”，表述来讲，如果你说不好一件事情，就容易被人抓住话柄，被别人提及“你说过的云云”，但是总没人提过“你发过那个表情”表情的表达，夸张，但又很模糊。 4. 社交来讲，表情很容易融合一些时下的流行元素，所以用表情也很应景。而且，表情属于社交懒人的福利，基于以上几点，懒的输字的话，就挑一个表情好了。 5. 表情的使用同时也有一定章法，何种语境下使用何种表情也足见一个人交流的智慧，用的好的话，很轻松就能化解尴尬，抖机灵。 ps感觉这个问题提示我，不能给到一个既定答案再找原因，比如其实答这个题的时候我脑子里有按照“社交里用表情很适合”的既定答案来找原因的，这种感觉不太好。 以及不能“智力懒惰”，这个太容易了，毕竟比起答一个知乎问题，刷一下朋友圈或微博，看一条新闻玩一局游戏容易多了去了。这也许是人和人差别起源之一吧，keep爱思考的逗比准没错！ （https：//www. zhihu. com/，2017年1月22日访问）

三　贴图的特点

（一）表达能力强

随着贴图的表情图越来越多，表达各种情绪能力也越来越强。在很多情况下，发个图，就表示了作者的态度。下面这篇文章，就谈到贴图的一些特点。

从聊天贴图看互联网内容传播

2013 年 11 月 12 日 15：50 来源：极客公园

事情还是要从聊天贴图谈起。话说有一天，我突然发现在发送贴图的时候加上一句应景的文字会让自己和对方感觉很好。例如，微信的咔咔还没长大打沙包的贴图，我会加上一句“打屎你”，又如发送一个严肃的斜眼表情并加上一句“你 TM 在逗我”。我发现这样聊天既能准确表达自己的意思，又不失趣味性。于是，我就想起了贴图的兴起，这是不是就是为了让人们不失趣味地准确表达用言语不方便表达或者无法表达的意思呢？既然聊天就是信息的互相交流，有没有更好的方式传播内容呢？下面是我粗浅的见解。

一、旧瓶装新酒

早在没有互联网的时代，报刊是人们获取信息、放松身心的港湾，而书籍、报刊里面有一种很受欢迎的内容，那就是段子。

段子随着内容载体的不同，不断地旧瓶装新酒，有的时候旧瓶装新酒甚至变成了一种创业的选择方向。早期的段子由一些人从生活中取材，或者借助一些喜剧技巧创作而来，鉴于早期传播手段的匮乏和低效率，段子一直在报刊上慢慢传播。随后，另一种载体让段子摇身一变变成了轻松的漫画，生动的形象让段子焕发生机，重获第二春，当然不是所有的漫画都是从段子而来。再到后来，手机短信的盛行又让这些已经生产好的内容搭上了一班高速的列车，一时之间，短信也帮助移动运营商衍生出了新的手机报商业模式。之后微博、qq 空间等产品的兴起，良好的内容又搭上了新媒体的高速列车，一时之间，冷笑话，糗事百科等短小的段子媒体成长了起来。

从以上发展历程来看，内容生产永远是做产品的重中之重，有了内容就可以反复靠旧瓶装新酒获得成功。而随着各类媒体的觉醒，这些内容生产者利用微博继续延续了自己的优势，基于内容传播的创业项目似乎暗淡无光。其实，关于内容的创业还有广阔的空间，那就是依靠混搭。

二、混搭型产品

当我们去某处旅游的时候，我们很可能会买一张当地特色的明信片，然后在明信片上写满自己想说的话，最后寄给自己想寄的人。一张空的明信片，没有邮票，没有印章，没有文字能够传达丰富的感情吗，答案必然是否定的。寄明信片和寄信相比呢，除了文字内容多少的影响，可能明信片更有优势一些。原因就在于，明信片是一个包含多维信息的东西，明信片包含了当地的特色风景，还包含了包含感情的手写字，更加重要的是，明信片比信件更加轻便，便于收藏。

在互联网的产品中，也有这种多维内容混搭的产品。暴走漫画就是一款模板化的混搭产品，暴走漫画提供了制作器，这样网友就可以利用已有的制作器制作出自己的漫画。暴走漫画不同于传统的内容生产者，其采用了众包的模式，提供给网友简单的模板，用户操作简单，只需要在已有的模板中添加文字即可。暴走漫画将传统的文字内容融合到了多个模板中，实现了内容的重新搭载。

同样的，我们向网络中上传照片的同时，总有一种为照片添加注释的冲动。例如，我拍了一碗面，我可以配上这样的文字“今天的面真赞”。简单的一段文字就增加了一个内容表达的维度，由单一的图片表达，变成了图片与文字的结合表达，后者能传达更丰富和更准确的信息。类似的产品还有啪啪，该产品允许用户让照片“发声音”，这个产品和照片加注释有异曲同工之妙，区别只是在于文字注释和声音注释的区别。

三、生产者与消费者模糊的界限

很多互联网产品都偏爱于媒体属性，偏向于向大众传播某些经过自己处理的信息，他们更像生产者。而现在的互联网产品，生产者与消费者的区别越来越小了，很多时候我们既是生产者也是消费者。我们可以在知乎上回答问题，也能在上面向别人提问；我们可以看暴走漫画上的内容，我们也可以自己制作内容然后投稿；我们可以浏览各个朋友、大V发的微博，我们自己也可以发内容让大家看；我们可以在啪啪上听明星的日常琐事，我们也可以自己说些琐事给别人听；我们可以看别人用魔漫做的照片，我们也可以将自己的分享给他人。

一切内容都是互相传递，互相吸收的。这时候的互联网产品就是一个平台，提供了特定的工具让人们能够多维度的更准确的表达自己的感情，提供了工具让用户生产更多的内容，只有有了足够多的内容才能产生更多的有效的互动。

四、从流行规律再看贴图

贴图的商业化刺激了各个 IM 推出自己的贴图，然而贴图其实是提供了一个表达感情的维度，让我们能够更加准确的更加有趣的表达自己的感情。所以，我认为贴图可以借鉴旧瓶装新酒和混搭型产品的特征，用户平时聊天内容的酒瓶子，装上贴图这瓶新酒。或许我们可以像暴走漫画一样，在贴图上加上简短的文字，或者像啪啪一样在贴图上附带声音。用短文字或者短音频加上贴图，打造更灵活的交互方式。而手机 IM 天然的社交属性会让用户依靠模板贴图创造出无数有创意的内容。

互联网应当做的是为用户提供一套渔具而不是一桶鱼。

（http://www.chinaz.com/，2017 年 1 月 22 日访问）

（二）更新快

在方便快捷的基础上，网聊者，特别是青年人，追求“新”图。因此贴图的更新也在加速，网聊者以此显示自己掌握最新贴图。还有，我们感到，创作贴图的绘画高手，可能会受到社会事件的影响，看下面两组贴图：

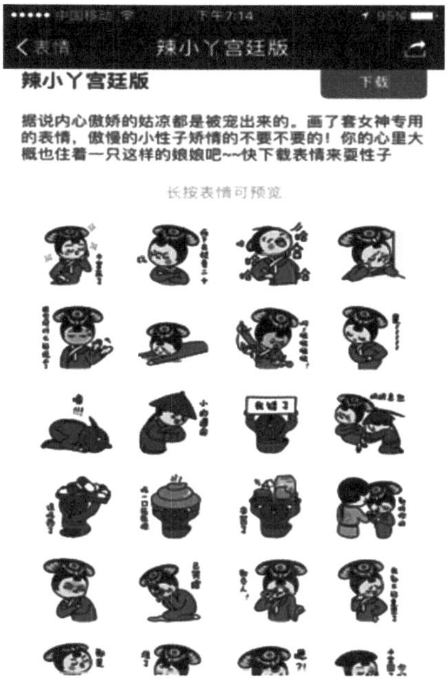

图 9－5　宫廷版贴图

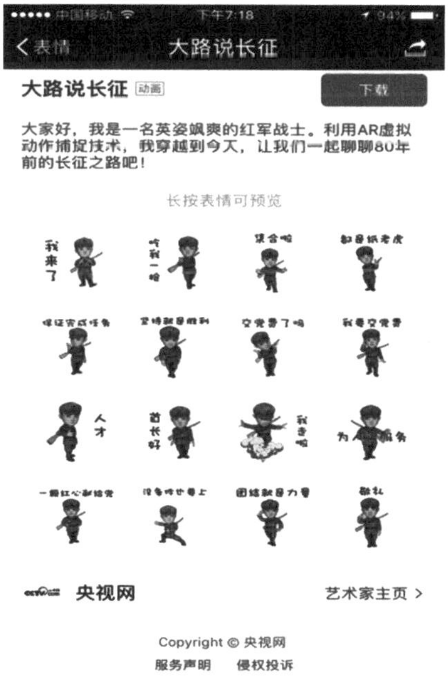

图 9－6　长征贴画组

我们的感觉是，图9－5中的宫廷人物贴画可能跟近些年热播的宫廷剧有关系，图9－6中的长征红军人物贴图组也可能跟纪念红军长征有关。

第四节 结语

转帖方便快捷，给网聊者提供了更为详细的信息量、增加了网聊娱乐性。从互文的观点看，转帖就是一种互文形式。转帖的内容没有限制，但涉及政治的转帖很少。转帖话轮占所有话轮的1.6%，由于转帖话轮通常字数较多，在网聊中还是比较醒目。

贴图形象，有些卡通人物令人喜爱。有时恰当的贴图比文字表达更为活泼，内涵更为深刻。现在智能手机的出现，给贴图增添了更为方便的操作。网聊者可以用电脑，也可以脱离电脑用手机聊天，这使我们在公共场所经常看到“低头族”，在不断操作手机，贴图现在变为代替部分文字的常用手段。

第 十 章

篇章分析：身份确认

第一节 引言

身份不仅是社会语言学中的重要概念，更是社会学、人类学、心理学等学科的核心议题之一。近年来，甚至出现了一个专门综合以上学科思想的身份研究领域和研究方法，即“社会文化人类学中的语言与身份研究”（language and identity in sociocultural anthropology，LISA）。变异社会语言学对语言和语境变量的相关性研究中，很多语境变量也是身份变量，如性别、年龄、种族、社会阶层等。

据徐赳赳（2005：386）介绍，范·戴克（van Dijk）把会话参与者的身份的各种因素看作是语境的一部分：如会话者充当的各种角色、所处的机构、担任社会成员等，而语境又是话语理解的不可或缺的因素，因此话语篇章学者对身份一直很关注。

身份有狭义和广义之分，狭义的身份主要指的是人的性别、出身和社会地位等方面。广义的身份指的是与对方所处的各种关系，如师生关系、父子关系、同事关系等。在语言研究中关注身份是因为会话双方的身份会影响到话语的使用。

袁周敏（2016）介绍了前人对“身份”的看法和定义：

> 目前比较具有代表性的定义有 Zimmerman（1998：87－91）和 Tracy（2002：17－20）。前者指出身份作为“谈话中的语境元素”的思想，进而提出作为语境的身份的概念，呼吁应当在具体的语境中研究情景性身份，并区分了三类不同的身份：话语身份（如提问

者、回答者)、情景性身份（如临时担任小组组长)、伴随身份（性别、种族)。Tracy（2002：17－20）则认为身份包括下面两层意思：第一，身份是任一特定情景之前既已存在的个人稳定的特征，且是通过交谈展现的动态性、情景性产物。第二，身份是社会分类，是个体的。接着，她区分了交际中的四种身份类别：主要身份（如性别、宗教)、交往身份、个体身份（个人性格)、关系身份，并在该书新版本（2014）中将后两类合并为一类，即个体身份。

陈新仁（2013）认为，身份原本是社会学概念，但随着会话分析、语用学等的兴起和不断发展，人们对于身份的理解发生了重大变化，新观点主要包括：①身份未必都是交际、交往前事先给定的，也可能是在交际中建构、获得的；②身份未必是稳定不变的，可能会在动态交际语境中被塑造、变更；③身份不仅具有社会属性，还带有交际属性，通过话语建构，对交际产生影响；④身份的选择不仅取决于交际者自身，还依赖于交际对象；⑤身份的选择往往具有目的性甚至修辞性。陈新仁（2013：28）从语用学的角度来审视身份，他认为：

与社会身份相比，语用身份具有下列特性：

1）交际依赖性与临时性

只有交际发生了，只有交际者发出话语了，语用身份才会产生，才可以谈语用身份的选择与建构；而一旦交际结束了，语用身份也戛然而止。因此，语用身份具有临时性。

2）动态性和可变性

随着交际的推进，交际者可能会随交际目的、需求、情境的变化而调整语用身份。出于交际需要，一个人可能一会儿以其职业身份讲话，一会儿又以其家庭身份讲话，还可能以朋友身份讲话。

3）资源性

在交际中，选择不同的身份会对交际产生不同的影响，这是由身份的社会属性决定的。正因为如此，交际者为达到特定的交际目的而刻意选择特定的身份。从这一点来说，身份是交际者为达到语用平衡（陈新仁，2004；张立新，2011)、满足交际需要可供调配的重要语用资源。

4）主观性和目的性

交际者在特定的交际阶段选择、建构什么样的语用身份是一个主观性的决定。这种主观性甚至体现在交际者选择、建构一个未必与其社会身份相符的语用身份。语用身份的主观性与其目的性有关：交际者选择、建构特定的语用身份，是为了（更好地）实现其交际目标。因此，在一定的交际场合下，特定交际者对语用身份的选择与建构具有策略性。

会话者的身份确认，已进入话语篇章研究的视野，从会话分析的角度来看，如跟同性人交谈和跟异性人交谈，跟熟悉的人交谈和跟陌生人交谈，跟家人交谈和领导交谈，也就是跟不同身份的人交谈时，会影响到会话者在话语用词、句式的选定、语速的快慢、声音的大小等涉及语言的问题。

现在在微信里，如某个学术群，群主可能要求群员标出显示某种身份的“名字＋工作单位”。在本项研究的语料中，基本是陌生人的聊天群，因此探究对方的身份就引起一部分人的兴趣，语料显示，涉及身份的主要表现在四个方面：性别、职业、地点和网名。

第二节　性别

在面对面的会话中，双方会话者通常都能互相识别性别。谈到性别对会话的影响，有两个方面的内容，一是男女各有特点；二是不同性别的人面对面会话时，会影响到各自语言的使用，也就是说，同性交谈，是一种模式，异性交谈又是一种模式。

袁周敏（2016：55）介绍前人对性别身份的研究：

性别身份是说话人社会身份的一种。其语言学参考文献可以追溯到居住在西印度小安地列斯群岛的加勒比印第安人。据称，“男女加勒比人说不同的语言，这归因于很久以前的一次侵略。一群说加勒比语的男人征服这片土地并杀光了当地的男人，而后他们和当地说阿拉瓦语的女人结合，就这样他们的后代有时会被描述为会说男人和女人两种不同语言的人，因为男孩从父亲那儿学到加勒比语而女孩则从母亲那儿学到阿拉瓦语”（Wardhaugh，2000：310－311），但是，这种差异并没有促使形成两种独立或不同的语言，相反却形成一种具有明显性别特征的语言。Lakoff（1975）的性别语言经典之作从词汇、句式和语调等方面全面概述女性语言特征。但是，有些女人会采取一些男性化的语言策略也是常见的，大多的性别差异可以根据男人和女人在社会中所处的不同地位得到解释，男人拥有更多的权力并且会更自信；女人则倾向于留在“自己该在的位置”但却期望不同且“更好”的位置，也就是她们所理解的社会上层（同上：321）。美国著名语言学家Haas（1964）对几种美国印第安语的调查、Ekka（1972）对印度德拉伟语的分析以及Taylor（1951）对加勒比海多米尼加语的考察都旨在说明各语言中广泛存在着由于性别差异而引发的语言变体形式的对立现象。代表性的研究还包括男女会话风格研究（Lakoff，1975；Cameron，1998）、语音语调研究（Sachs，1975）和称呼语研究等。

我们网聊语料显示，在一般情况下，发话人是不知道其他发话人的性别。有时会产生了解对方（读者）性别的愿望，以便更为准确地发话，如例（1）：

（1）a	常xx（18581xxxx） 14：11：04 003肯定是男的
b	广州－xxxxx（11523xxxx） 19：31：53 阿狸是男的
c	美美（9762xxxx） 19：24：40 ：cold_sweat：一群有美女吗？

续表

d	05 水工 xx（616xxxx） 20：15：53 酱缸是女汉子么？
e	饿 x（6344xxxx） 12：43：52 小三是男是女啊
f	云淡 xx（19156xxxx） 22：13：55 火红火 是男 是女

例（1a－b）是想要确认“003”（网名）“阿狸”（网名）是否是男性。

例（1c－d）是想要确认“一群”（“一群”指其中一个网聊群）里有没有女性，“酱缸”（网名）是不是女性。

例（1e－f）是想确认“小三”（网名）“火红火”（网名）的性别。

（一）自我介绍

我们的语料显示，人多提问对方的性别时，对方一般都不予理睬。少数也有介绍自己性别的，如例（2）－（4）：

（2）a	04 图专－xxx（28512xxxx） 10：09：56 晶晶是男是女呀
b	98 计科 xx（552xxxx） 10：09：57 4242
c	36260 98 计科 xx（552xxxx） 10：10：07 姐姐我是男的

（3）	05 历史 xxx（34307xxxx） 16：38：22 本人男，硕士研究生学历，职业文字工作者，爱好文学，旅游，运动，老歌……旅行以休闲舒适、散心、放松为原则出发，如果你也愿意认识一个陌生的朋友，逃离都市，一起漫步、回忆、憧憬，请加 QQ174991xxxx，握手。

（4）a	蓝色 xx（132523xxxx） 16：15：43 我是女屌丝
b	北京 - xx（46260xxxx） 21：42：40 人家还是女孩子呢

（二）猜测和讨论

事实上，因为网聊见不到对方，只能猜测对方的性别。即使某人承认自己是男是女，仅凭自己承认，实际上还是无法确认对方讲的是否属实。于是，有时就引出对确定某人性别的讨论，看下面的例子：

（5）a	xxx 客服 - xx（228584xxxx） 14：02：44 xxx 客服 - xx，除了我以外各个都是美女
b	风华 xx（17989xxxx） 14：02：50 看了你就再也不发言了
c	月满 xx（269xxxx） 14：03：07 （贴图）
d	线 x（7933xxxx） 14：09：06 最漂亮的是小三吧！

续表

e	风华 xx（17989xxxx） 14：09：35 我在一直以为 003 是男的
f	常 xx（18581xxxx） 14：09：48 为啥．证据
g	风华 xx（17989xxxx） 14：10：25 感觉而已
h	常 xx（18581xxxx） 14：11：04 003 肯定是男的
i	线 x（7933xxxx） 14：11：05 啥证据啊
j	线 x（7933xxxx） 14：11：18 给你点幻想
k	木 xx（174734xxxx） 14：11：22 @月满 xx 你也好意思晒到这，小月月！
l	线 x（7933xxxx）14：11：29 靠，现实是残酷的
m	风华 xx（17989xxxx） 14：11：31 线人不高兴了
n	木 xx（174734xxxx） 14：11：48 一个比一个……
o	月满 xx（2698xxxx） 14：12：49 刺激一下

续表

p	月满 xx（2698xxxx） 14：12：50 哈哈
q	常 xx（18581xxxx） 14：13：28 幻个大头鬼
r	常 xx（18581xxxx） 14：13：28 不要再对三有幻觉了，抠脚大叔一个

还出现“求真身”的讨论，其实求得真身还是很难的，见下例：

（6）a	理财 xxx（42034xxxx） 17：26：55 小言是大叔？no !!!!
b	Fightingxx（2698xxxx） 17：26：57 （贴图）
c	理财 xxx（42034xxxx） 17：27：12 3 才是大叔吧 小言肯定是妹子一枚
d	Fighting××（26982618） 17：27：22 （贴图）…
e	cx（307xxxx） 17：27：31 明显都是大叔
f	xxx 客服－xx（228584xxxx） 17：28：13 我是女汉纸

续表

g	理财 xxx（42034xxxx） 17：28：14 求真身
h	cx（307xxxx） 17：28：21 （贴图）
i	理财 xxx（42034xxxx） 17：29：18 我说是妹子一枚 你们不信。。。

为了证明“真身”，于是就有要求发照片验证的：

（7）a	河北 - xxxx（87673xxxx） 13：45：04 小花你是女的么
b	苏州 - xxxx（50278xxxx） 13：45：32 不是
c	河北 xxxx（87673xxxx） 13：45：44 （贴图）
d	河北 - xxxx（87673xxxx） 13：45：51 来爆两张果照
e	苏州 - xxxx（50278xxxx） 13：45：57 哥是吊丝
f	武汉 - xx（31616xxxx） 13：46：19 （贴图）

续表

g	武汉－xx（31616xxxx） 13：46：30 呵呵 晒下
h	河北－xxxx（87673xxxx） 13：46：55 （贴图）
i	东莞－xx（53253xxxx） 13：47：14 （转帖）
j	苏州－xxxx（50278xxxx） 13：49：44 晒了怕你当着办公室同事的面忍不住撸。低调。

（三）透露性别信息

在有些情况下，虽然发话人没有直接讲自己的性别，但会话中有时会透出其性别的信息，如下例：

（8）a	小 x（1497xxxx） 12：03：37 是跨年游，玩了 7 天，和我老公第一次的蜜月游啊，人家是去海岛，我们去最冷的地方
b	01 经管－xx（31649xxxx） 14：32：34 孩子爹跟踪自我
c	00 地信 xx（4150xxxx） 17：00：22 我老婆以前在阿里

如果把例（8）中的三个例句都看成是真实的陈述的话，那么例（8a）中，可推测出发话者是位女性。例（8b）中，推测发话者是位女性，母亲。例（8c）中，推测发话者是位男性。

第三节　职业

我们这里讲的“职业”是广义的概念，并非只是指从事某个行业的工作，也包括读书的学生等。

在面对面的会话中，熟人之间通常知道对方的职业，陌生人之间有时通过介绍也能知道对方的职业，在没人介绍的生人之间的会话，有时也可以根据对方外貌推测其职业。在网聊中，有不同的情况，有些网聊群基本上是由相同职业的人组成的，如教授群、同学群等，自然大致知道发话人职业。有些群是以某个主题组成的，比如说“买房卖房”群，那就可能各种职业的人都有。我们的语料显示，在网聊中经常出现有关职业的话题，了解或不了解会话双方的职业，会影响话语的组织和内容。

一　询问

有相互询问各自的职业，也就是干什么工作。

（9）a	常 xx（18581xxxxx） 10：56：55 你是学生么
b	理财 xxx（42034xxxx） 19：40：55 xx 好像你是银行工作的？
c	05 电信 xx（6580xxxx） 14：13：56 王磊你是做神马的
d	02 数学 xx（10xxxx） 14：14：51 貌似是大官
e	04 化学－xxx（41781xxxx） 14：15：07 和我是同行

续表

f	02 动机 xx（34047xxxx） 14：15：36 （贴图）
g	02 动机 xx（34047xxxx） 14：15：56 厄只是小屁孩,,,
h	kex（2711xxxx） 22：37：17 我准备明年卖衣服
i	(~zxx（32914xxxx） 22：37：22 可以
j	kex（27111xxxx） 22：37：34 什么可以?
k	(~zxx（32914xxxx） 22：37：43 买衣服
l	(~zxx（32914xxxx） 22：37：45 卖
m	哆啦 A xxxx（198934xxxx） 22：37：57 淘宝不好做的,
n	哆啦 A xxxx（198934xxxx） 22：38：07 如果想做好，不简单的,
o	哆啦 A xxxx（198934xxxx） 22：38：14 我现在全职淘宝,

续表

p	kex（27111xxxx） 22：38：16 你是指男装还是女装
q	kex（27111xxxx） 22：38：27 有网址吗?
r	kex（27111xxxx） 22：38：29 我看看
s	哆啦 A xxxx（198934xxxx） 22：38：32 两月不到，亏了 1W 多，

二　自我介绍

我们发现自我介绍的情况不多，据估计大多数人是不愿意透露自己是从事什么工作的。即使有人问，通常不回答，即使回答了，也不一定讲实话。下面是我们语料里见到的自我介绍的两例：

（10）a	che xx（109058 xxxx） 15：28：47 我是金融从业人员
b	3790 盆子里 xx（31380 xxxx） 10：18：55 是啊，我就是国企员工

三　推测的信息

有时在不经意的聊天中，会推测出一些有关职业、工作的信息。下面这两例就可推出发话者是在“公司”上班。

(11) a	happ xx（23225 xxxx） 10：02：22 我们公司没有规定说非要在办公室还是会议室，不过在会议室吃饭的话要收拾干净
b	木 xx（174734 xxxx） 14：13：31 我公司北京酒店缺一财务经理，北京有合适的朋友帮介绍一下，适用期满月薪万元左右！

第四节　地点

我们这里讨论的“地点”是广义的，指的是发话者的工作地点，或者是哪个地方的人。不同的地点，会给发话者选择谈话内容以更大的空间。我们的语料显示，地点也是交流双方关心的问题。不同的地点会引发不同的话语内容。

一　自我介绍

(12) a	zo（17258 xxxx） 19：32：11 在我们浙江
b	zo（17258 xxxx） 19：32：26 中小企业违约率远远高于真正的小微
c	虹（59191 xxxx） 11：23：02 我上海的

二　相互询问和介绍

（13）a	××（31407 xxxx） 17：39：25 @××你哪的啊
b	××（25863 xxxx） 17：39：32 长沙
c	××（1544 xxxx） 15：33：39 本人就是上海的。
d	辛××（16503 xxxx） 14：58：53 你是那个城市的？
e	××琳（23225 xxxx） 15：00：19 北京
f	星 x（12197xxxx） 14：16：57 我也在北京
g	月满 xx（2698xxxx） 14：17：05 我在南京
h	wuxx（30634xxxx） 14：30：25 木 xx　你是重庆人吗
i	北京－xx（28945xxxx） 11：35：56 xx，你老家是临沂啊？

续表

j	苏州 - xx（78679xxxx） 11：36：14 是的啊
k	苏州 - xx（78679xxxx） 11：36：20 我是山东人

三 推测地点

（14）a	zo（17258 xxxx） 19：35：00 但是这平台还是没能打消我的蛮多疑虑
b	××（7933 xxxx） 22：24：45 回复 无心睡眠：你是不用干啥了，天天嘚瑟吧！
c	狂奔的 xx（3263 xxxx） 15：05：52 欧文是香港的？怎么说话像内地人呢
d	××（6344 xxxx） 15：06：11 110 来着的
e	悲伤的 xx（4215 xxxx） 15：06：51 装个繁体版的操作系统而已了
f	悲伤的 xx（4215 xxxx） 15：06：59 就变香港人了？
g	狂奔的 xx（3263 xxxx） 15：07：19 操作系统都不用

续表

h	狂奔的 xx（3263 xxxx） 15：07：27 输入法就可以

例（14a）中的"蛮多"，好像是杭州一带人说的。例（14b）中的"嘚瑟"，好像是东北人说的。当然，也有可能有人故意用这些带有明显地方特色的词。例（14c）中，有人用了繁体，被人推测是香港人，但有人对此有怀疑。

第五节　网名

我们这里暂且把网名也看作身份的一种。在网聊中，网名是区别不同网聊者的重要标志。

我们传统的姓名，大多是由父母取的，通常伴随一辈子。姓是家族的称谓，名是个人的符号。姓名是某人属于某个家族成员的标志，也是人们在社会交往中相互区别的标志，具有与他人相区别、供人称呼和识别的功能。姓名作为一个人独特性的标志，是人类称谓语中的一种，代表了一种语言现象和文化现象，一个人除了具有姓名外还可能有艺名、笔名等。

网名是随着计算机的发展而发展起来的，随着网络传递速度的加快，智能手机的普及，网名更为普及。网名是自己给自己"取名字"，并非一定要遵循"姓＋名"的传统模式，这样自由度就大大增加。网名的选取并无定论，个体的文化水平、生活境遇、兴趣爱好、气质特点、性格特征、某一时刻的心境等因素都是决定网名的因素。网名不像真名有很多的限制，字数可长可短。网名的结构可以是复杂的句子，也可以是简单的字或词，甚至是一个符号。

网名具有两重功能，一是取网名时，需网聊者自我满足；二是由于网名是给人看的，也得给人独特的印象。我们通常会对不同的网名产生不同的联想，在我们的语料里，我们见到下面一个例子：

（15）a	99 化学 xxx（42074 xxxx） 10：37：52 你的名字隐隐约约给我一种大官的感觉
b	Alxx（3491 xxxx） 10：38：19 最近瞎忙。
c	06 经管 xxx（419621 xxxx） 10：39：02 你的名字隐隐约约给我一种大官的感觉
d	02 - 动机 - 张 xx（625 xxxx） 10：39：14 相当大的官
e	00 小数学 xx（10 xxxx） 10：40：03 你的名字隐隐约约给我一种大官的感觉
f	01 - HR/金融 - xx（11031） 10：40：44 你的名字显显然然给我一种大官的感觉

例（15）中，多人有同样的感觉，某人的网名“有大官的感觉”，这样的情况很少见到。但对不同的网名会产生不同的“感觉”，这是常见的。

（一）类别

虽然网名没有姓氏的框框，但从不同的角度还是可以看到网名的类别。

曾慧（2007）从语言风格的角度对网名作了归类：书面语、口语、方言、混合语。并作了数量上的统计，见下表：

表 10 - 1　　曾慧的四类网名

语言风格	个数	举　例
书面语	640	心无所托、昨日依旧、闵轩、饮者释然、边缘唯美
口语	108	走吧、不帅你砍我、又重修了、我觉得我的名字不是很长
方言	4	闹眼子、冒名堂、睡着鸟、肉多地筛
混合语	325	V 宝贝、XIAO 巫女、LU@雨

武小军（2006：192）从不同语言的角度对网名分类作了统计，见下图：

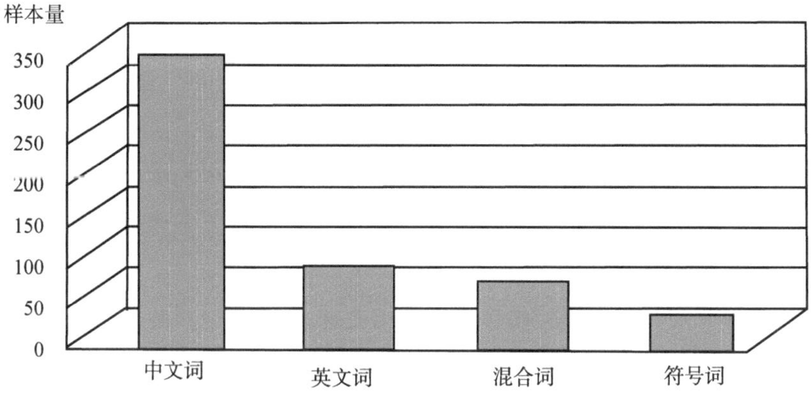

图 10－1 武小军四类网名

毛延生（2010：35）对网名从语言和数字等不同的组合作了分类，见下图：

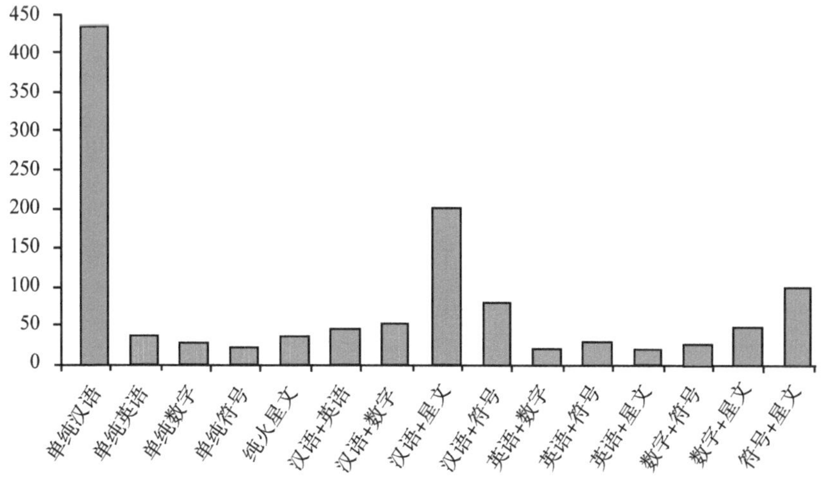

图 10－2 毛延生网名类别

刘迎秋、马光彩（2014：40）跟上面三位不同，他们是进行综合归类：

1. 动物类。女性网民一般喜用温顺可爱的小动物做网名，而男性网民则更喜好以带有暴力倾向的动物来命名。如闲云中 de 小鸟儿，小猪不是猪，Xz，笨笨笨笨笨狗，狂奔的蜗牛，藏獒多吉 – ZZ，皮影虎，靠一只龙猫等。

2. 植物类。很多网民在现实生活中喜欢一些花花草草，故在给自己命名的时候也多喜用植物作为网名。如白菜家常菜园子，心松 kaka，秀之古梅，枫叶听雨林等。

3. 人物类。此类网民多以与自己职业、身份相称的，或是他人对自己的称呼，或是自己喜爱的人物角色等给自己命名。如平凡的土木人，南宁铁路公安，如呆子小昭儿，外向的孤独患者 717，冰 – 雪丽 – 人，清空少侠等。

4. 人造物类。这一类网名主要指由人创造、生产或建造而成的物品，表明了自己对这类事物的依赖或喜爱。希尔的琴，错爱平底鞋，浪子男人装，扫帚思索，white 花园等。

5. 自然类。这类网名表明使用者对大自然的喜爱和向往，也是对生活在钢筋混凝土般世界的反思。浪花来了了，海上闪耀着星星，我的大明山，看太阳看美景，什么时候能下雪，西落的风等。

6. 感情类。表达自己对爱情的向往，对理想的追求，对生活的感慨。如我爱你梦琳，笑傲江湖，立志做学霸，简简单单就够了———，思念的旋风，我那凌乱的回忆，去你的悲伤等。

7. 广告类。这类网名多半是给自己的公司或产品做广告和宣传。如柳州影讯，第二梦减肥药出售，最爱广西物资学校，二十四小时话费充值等。

8. 引用类。这一类情况比较复杂，可以分为以下几类。书名，如老人与海；人物名，如爱因斯坦的狗；歌曲名，爱在离别时，栀子花开；电影、电视剧、动画片名，花样年华，蜡笔小新；名言警句，固定短语，如宁静致远 2513992523，灰飞烟灭，往事如烟；引用古籍，如千里孤坟，蝶恋花蝶恋花。

9. 姓名类。这类是网民自己的姓名，未作改动，直接做网名，如杨淑洁，赵金文，孙科等。

10. 其他。这一类主要是我们从表面上无从得知其意义分类，可能只有网民自己才能真正明白其中的含义，如占据705，VS小朱，优优馨荧，马个锅锅等。

（二）网名的特点

网名的特点很多，我们就谈两点：多样性和新颖性。

1. 多样性

我们这里讲的网名的多样性，是跟传统的名字所作的对比得出的。我国有14亿人，而姓是有限的，特别是单名的出现，给重名率增加了机会。百度显示，“人人网上姓名为‘王伟’的用户共有185346人，其中女生10.06%，男生89.94%。”而网名各种各样，从形式看有诗歌、警句等，从语言构成看，有汉语和外语混杂，从字数看，有长有短，重名率很少。网名的多样性除了网聊者想取一个什么样的网名，全看网名自己的意愿外，还有一个原因是网名的自由更改，网聊者如果发现有重名的可以随时更名，如果对自己正在使用的网名不满意或者想换个新的，随时可以更换。有不少人，本身就有几个网名。

2. 新颖性

一个网名是否新颖，关键是起到对方容易记住的作用。因此新颖、独特，极具个性化的网名到处可见。有人把网名串成“新西游记”（下画线部分是网名）：

话说孙悟空一路行到疾风焰舞区，只见心香岛上的妖狼率领了一群没头脑&不高兴的巫毒小子。布下天罗地网。欲将行者一网打尽。悟空一个不留神他们所发射的水怪暗器，在一片水光倒影中，有些不敌。

至尊英雄听到这个消息后，立刻派外貌冷风傲雪。自诩城市猎人的东方观察前往支援。只见他从网虫百宝箱中拔出十年磨一剑，把酒临风谈笑间，便将那群初生牛犊的小毛怪打到九度空间中。灰飞烟灭了。

悟空听见路旁的安静角落里有只呆头鹅，贤言闲语道：无聊的三角猫功夫，也敢出来闯江湖？还说自己是齐天大圣！悟空听了，好生气恼，顿时翻起筋斗云。前往桃花岛的神功堂，找影武者修道。潜修三个月后，练成新世纪福音战士，从此啸傲山乡。

远处只见混世魔王城堡内的纸老虎站在峰之谷上，正要发下武林英雄帖。欲与悟空在忍者帝国一争上下。

欲知后情如何，且待下回分解。

《电脑爱好者》1999 年第 18 期

也有人把网名串成诗词：

“小楼听雨易水寒，红袖添香走边关；阿香爆炒知更鸟，李春火烧冰淇淋；勇敢的心大个子，苦恼的人蔡林云；踉踉跄跄走世界，酸酸甜甜话友情。”这并不是一首七律诗，而是一首用网名串起来的打油诗，其中包含了“小楼听雨、易水寒、红袖添香、走边关、阿香、爆炒知更鸟、李春、火烧冰淇淋、勇敢的心、大个子、苦恼的人、蔡林云、踉踉跄跄、世界、酸酸甜甜、友情”16 个网名。

（季桂林，2004：54）

这些网名都显示出新颖性。

（三）规范网名

2015 年 3 月 1 日起《互联网用户账号名称管理规定》（以下简称《规定》）已正式施行，微博、微信、QQ、论坛等账号将被划上 9 条“底线”。

根据《规定》，网民在互联网信息服务中注册使用的所有账号名称需遵守 9 条规则，包括不得违反宪法和法律规定；不得危害国家安全，泄露国家秘密，颠覆国家政权，破坏国家统一；不得煽动民族仇恨、民族歧视，破坏民族团结；不得散布淫秽、色情、暴力、凶杀内容等。如有违反，账号将被限期改正、暂停使用直至注销。

第六节　结语

作为社会因素之一的身份，对话语的使用起着重要的作用，因此引起语言学家的关注。身份的意思可以是比较简单、比较固定，如性别、担任的职务等。但从社会的角度来观察，指人与人之间各种关系。这种关系最大的特点是，可变性，动态性。网聊虽然作为一种的新的交际模式，“见不着人”，但我们的语料显示，网聊者还是对网聊对方的身份有很大兴趣，只是由于见不着人，不管是自己介绍，还是对询问的回答，都很难确认其真实性。但网聊者对对方的身份探索的兴趣，一直都保持着。网名是彰显个性的手段之一，网名的多样性通常会给人留下深刻的印象。

第十一章

篇章分析:网络体

第一节　引言

网络体，指的是网络语言中使用的“语体”，那么什么是语体呢，不同的人有不同的看法，下面是冯胜利（2011：2）和李熙宗（2005：186）对语体的定义。

冯胜利（2011：2）对语体的定义是：

> 语体是实现人类直接交际中最原始、最本质属性（亦即确定彼此之间关系和距离）的语言手段和机制。

李熙宗（2005：186）对语体的定义是：

> 作为一个科学的语体定义，我们认为应遵循这样的标准，即能概括语体概念的主要内容，并满足从中特别引申出应该规定的语体现象的其他极重要特点这一要求；而合乎这样标准的语体定义须包括以下主要内容和基本特征：
>
> （1）语体是适应不同交际领域、目的、内容的需要在运用全民语言的言语行为中形成的语言特点体系（综合）；它是在语言运用过程中由受不同交际功能性因素制约对词语、句式、语音手段、辞格等语言材料、表达手段经长期选择运用形成功能分化而历史地形成的结果。这种语言特点体系是语体物质性的体现，本身即是语体的物质结构体系和语体形成的物质基础。只有具备了这种由功能性因

素制约而形成的具有个性特征的特点体系，语体才可“独立”而成为语体类型。语体的这种语言特点体系是“语体风格”的物质基础，任何一种语体风格都必须以成体系（或说成系列、系统）的语言特点作为物质体现和依托。

（2）语体是民族标准语的经由历史演变而形成的几种相对稳定的语言功能风格类型。语体同其他风格类型（如个人风格等）的不同之处主要在于：1）它是受不同的交际功能性因素（目的、领域、范围、内容等）制导运用民族语言而历史地形成的在各个不同历史时期都具有相对稳定性的几种风格类型，由于它是“以语言交际功能为依据而建立的风格类型”，所以称作“语言功能风格”。2）作为一种风格类型的语体是种“共体性”的风格，它实际上是某一时代同一语言社团的人在同类语境中的共同言语特点，也是为着某种特定目的而进行交际活动的人们在使用语言时所表现出来的一种“共性”和必须加以遵循的语言风格规范。准确地揭示、把握语体的风格属性及其基调既有着语体描写、分类上的意义，更有着语言实践上的重要价值，因为只有有了这种风格基调的把握，才可以从风格的层面，从整体性上指导语言运用，亦即在整体性的制约下通过对语言材料、表达手段的选择运用以营造与特定语境相应的格调气氛，使表达准确、合适、得体，从而有效地提高交际效果。

（3）语体是全民语言的言语功能变体，它在本质上只是受功能性因素制导而形成的全民语言的言语变异特点的体系，这个特点体系只是与一定领域、目的、对象表现出相对稳定适应关系的同义成分在选择运用上频率差异性的“固化”物，而并不是超越于全民语言之外的独立的语言，因为，事实上任何语体都并没有自己独立的语音、词汇、语法系统。

（4）语体作为社会交际领域功能分化的产物，实际是由包括交际领域、目的、任务、对象等因素所构成的语境类型的制导（即功能性因素制导）对语言材料、表达手段进行不同的选择、组合所形成的结果。所以，这些功能性制导因素在语体的形成过程中起着决定性的作用：首先，语体的形成是这些功能性因素制导的直接结果，因此它们对语体本质属性有着一种规定性；通过这些因素可更为准确地从社会功能分化的角度来理解、把握语体作为全民语言变体这一本质。其次，这些功能性制导因素也是语体与别的语言风格类型的“分水岭”，在语体定义中这些功能性因素是以“种差”来充当定义项的组成部分的，其作用就在于使语体这种“语言风格类型”（或“语言特点体系”、“语言功能变体”、“语文体式”）同别的“语言风格类型”（或“语言特点体系”、“语言功能变体”、“语文体式”），如“个人风格”等有一种明确的区别标准和依据。

包含了上述这些内容的语体定义才能揭示语体概念所反映的语体这一事物的本质属性和应该规定的语体现象的诸极重要的特点。

以上两位对语体的定义，冯胜利简洁，李熙宗详细。

具体到语体类别，也有不同的看法：

邓骏捷（2000）提出的类别是：法律语体、广告语体、新闻语体、科学语体、宗教语体、政治语体、商业语体、艺术语体。

徐赳赳（2010：136）介绍了传统对语体的两分法：口语和书面语。

邓鹂鸣等（2012）提出的类别是：商务语体、教学语体、学术语体、新闻语体、法律语体、科技语体、其他语体。

上面介绍的是对“语体”的定义和类别。也有人把“网络语言”整体看作是一种语体（张玉玲，2008）。

下面我们讨论“网络体”，我们这里讲的网络体并非学术界严格意义上的“语体”，或者说是广义的语体，实际上是指流传于网络的一些较为固定的语言使用的模式。

姜伟（2014：293）对网络体的看法是：

“网络体”，是伴随着网络的发展而产生的一种网络特有的流行语体，主要创始人是“80后”、“90后”等年轻的网络用户。同时，网络体也是对所有网络语言文体（比较典型的有“淘宝体”、“知音体”、“蜜糖体”、“凡客体”、“日和体”、“琼瑶体”、“咆哮体”等）的一个总称，它代表了一个时代的特征。网络体一般是由突发奇想的一个帖子，或者一次集体性恶搞，抑或是某一热点事件而诞生并传播开来，网络体一般形式自由、特点鲜明，在一段时间内会引起较高的关注度。它是一种具备共同特定句式结构和标志性词汇的语句集合或者创作手法，但不注重限制，可以无限伸延，胡编乱造的情况极严重，没有界域性。当然，每一种网络体一般都具有一段原初的语言作为语源——即“母本”，当网络用户根据语体“母本”进行一系列模仿创作，引发模仿传播风潮之后，网络体便由此形成。网络体必然伴随着个性鲜明或者具有特殊含义的一个词、一句话或者一种句式，从而引发人们围绕其进行模仿创作。网络体是在网络上流行的各种句式和表达方式，涉及语体、文体与修辞等方面，具有可复制性、娱乐性、时尚性、表意新颖、材料新奇等特点。网络体不只反映出当代中国社会的人们对各种社会事物与社会现象的认识和理解，更体现了人们对整个时代的感知领悟和概括总结。

传统意义上的语体跟网络体有相同的地方，也有不同的地方。相同的地方主要是传统语体和网络语体都有自己明显的风格特征；不同的地方是传统语体稳定性较强，网络体多变性较明显。网络体是随着网络技术的快速发展而发展起来的。网络文体指起源或流行于网络的新文体，“触发源”可能是某个帖子、某个热点事件、某个台词、某句令人印象深刻的话，等等。

网络语言语体很多，从不同的角度，会有不同的分类。我们这里按词句篇章分，可分为三种：以词为主（淘宝体），以句为主（元芳体），以篇章为主（甄嬛体）。以下我们简单介绍这三种网络语体。

第二节　淘宝体

淘宝体可能是网络体中最早出现的语体之一。最初见于淘宝网卖家对商品的描述，用得多了，就成为一种流行的模式：

“亲…… 哦”

下图是查询淘宝中买的订单时显示的图片：

随着使用淘宝的人越来越多，淘宝体的影响也越来越大，逐渐走出淘宝网，在其他领域也在使用。

广告用上淘宝体：

交通宣传用上淘宝体：

亲：
红灯
伤不起
亲：

亲，
请按交通信号灯通行哦

和谐交通　从我做起
亲：
红灯
不要闯

金山网盘中的垃圾箱要彻底删除，跳出“删除提示”也是淘宝体：

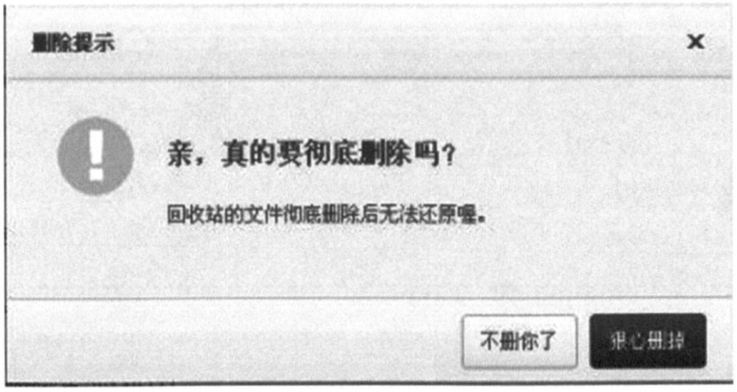

2011年7月南京理工大学向录取学生发送“淘宝体”录取短信，用“淘宝体”来“报喜”：

2011年8月1日上午，一则关于外交部微博“淘宝体”招人的消息在网上流传：“亲，你大学本科毕业不？办公软件使用熟练不？英语交流顺溜不？驾照有木有？快来看，中日韩三国合作秘书处招人啦！这是个国际组织，马上要在裴勇俊李英爱宋慧乔李俊基金贤重 RAIN 的故乡韩国建立喔～此次招聘研究与规划、公关与外宣人员6名，有意咨询65962175～不包邮。”三个小时之后，“外交小灵通”再发微博，称“不得了啦！中日韩三国合作秘书处招聘咨询电话快被打爆了”。

外交部微博发招聘信息 “淘宝体”语调引热议

2011年08月01日 16:54 来源：中国新闻网 参与互动(0) 【字体：↑大 ↓小】

中新网福州8月1日电（陈丹妮）1日上午，一则关于外交部微博招人的消息在网上流传。这则招聘微博由外交部官方微博平台“外交小灵通”发布，采用了时下流行的“淘宝体”，在三个多小时内被转载4800多次，引发网友热议。

外交部微博“淘宝体”发布招聘信息

“亲，你大学本科毕业不？办公软件使用熟练不？英语交流顺溜不？驾照有木有？快来看，中日韩三国合作秘书处招人啦！这是个国际组织，马上要在裴勇俊李英爱宋慧乔李俊基金贤重RAIN的故乡韩国建立喔~此次招聘研究与规划、公关与外宣人员6名，有意咨询65962175~不包邮。”

1日上午，博主“外交小灵通”发布了这则语调轻松、幽默的招聘信息，立马引起网友们的强烈关注。三个小时之后，“外交小灵通”再发微博，称“不得了啦！中日韩三国合作秘书处招聘咨询电话快被打爆了”。

据了解，这则微博的博主“外交小灵通”是外交部试运行的微博平台，由外交部新闻司开设，通常以轻松、活泼的花絮性和知识性信息，打造一个公共外交平台。

网友围观 两派观点对立

这则招聘微博发布后引来大量网友的围观。除对招聘信息的关注之外，轻松的淘宝体也引来诸多争议。

一方面，许多网友大赞这种招聘语“好有创意”。网友“吴王氏”认为，这么可爱的语言，即使想骂人都骂不起来了，建议常常挨骂的部门们赶紧学习起来。

但另一方面，评论中也存在质疑的声音。有网友质疑道，该严肃的时候不严肃，这样合适吗？也有网友认为，官方的亲民不是仅仅在微博中使用亲民的语言就足够的。

据悉，这是继“淘宝体”通缉令、“淘宝体”录取通知书之后，再由官方发出的“淘宝体”声音。(完)

通缉令也用上淘宝体了：

第三节 元芳体

“元芳体”的创意来源于古装侦探系列电视剧《神探狄仁杰》。剧中的狄公经常征求助手李元芳的意见，从而借对话引出对案情的分析。李元芳的标准回答有两个，一个是“大人，我觉得此事有蹊跷”，另一个是“此事背后一定有一个天大的秘密”。有网友声称《神探狄仁杰》中“元芳你怎么看”简直成了狄仁杰大人的口头禅；而李元芳的回答也固定化。跟风模仿者甚多，形成了“元芳体”。其实剧中并未出现过“元芳，你怎么看”的台词，只有过类似这样的话。“元芳体”是网友根据剧中的人物特点臆造出来的，是对剧中经典台词的一种总结与发挥。

元芳体的句式是：

“先陈述一件事情，在最后加上一句‘元芳，此事你怎么看？’”

元芳体内部还有不少“子元芳体”，请看下例：

搞笑型
“昨夜烟花爆竹扰得我彻夜未眠。元芳，你怎么看？”“我趴窗户看！” “元芳，你对幸福怎么看？”“我姓李。” “这荒郊野外停着一辆车。元芳，你怎么看？”“大人，此车必有隐情。”“元芳高见！此车果有引擎。——这车内还有一位死者。元芳，你又怎么看？”“大人，此人必有蹊跷。”“1、2、3……此人果有七窍！元芳不愧为我得力助手！”
倾诉型
“大清早结婚放鞭炮的！是在向哥示威吧。元芳，你怎么看？” “今大为何不发工资啊！元芳，你怎么看？” “作业很多，元芳，你怎么看？”
发泄型
“我怎么觉得我被骚扰当作‘元芳’了，他每次聊天说完一句话后都要加个‘你怎么看？’‘你觉得呢？’‘对吧？’，受不了啦。元芳，你怎么看？” “该死的毛囊炎，我要毁容了。元芳，你怎么看？”
咨询型
“股市太让人纠结了。如此疲软的大盘，我是‘割肉’呢，还是不动呢？元芳，你怎么看？”
揶揄型
“得了个诺贝尔奖，为什么还买不起北京的房子？元芳，你怎么看？”

续表

借机宣传型
“××美容公司：狄仁杰：‘元芳，整容一事，你怎么看?’元芳：‘大人，整容实乃私事也，女为悦己者容，你我同是男子，坐享其成便可。’” “××酒业公司：××推出了××系列酒，据说很受市场关注，元芳，你怎么看?” “××电视台：今晚××剧场《××》继续播出，××的演技超级给力。元芳，你怎么看?”
警方告示型
“这里车多，人多，易堵，元芳，此事你怎么看?” 
热门事件型
“关于周杰伦求婚的传言很多，元芳，此事你怎么看?” “国庆长假高速免费，导致交通瘫痪，元芳，关于此事你怎么看?” “加班哥以一把高薪工资条走红网络，但不知是谓何人。元芳，此事你怎么看?”
讨薪横幅型
“2013年1月，某地20余名讨薪农民工打起横幅，上书‘xx公司xx项目部拖欠农民工血汗钱，元芳你怎么看?’” 
（《百度百科》2017年9月27日访问）

第四节　甄嬛体

甄嬛体始于电视剧《甄嬛传》，观众喜欢剧中的台词“古色古香”、古诗风韵，这些台词被广大网友效仿，称自己为“本宫、臣妾、嫔妾、朕、哀家、孤”等，描述事物用“方才、想来、极好、左右、罢了”等，常用句式是“若是……想必是极好的”“这真真是极好的”“但……倒也不负……”等。甄嬛体的特点是不局限某个词句，可长可短，通常分两部分，前一部分是按台词的模式写，接下来是“说人话”加上现代汉语。

甄嬛体也有很多“子甄嬛体”的例子：

演出版
本宫方才看到一处好地方的宣传海报了，场面甚是精彩，私心想若是能亲自前往观看定是极好的。奈何本宫囊中略有羞涩不便前往。心下想来，罢了，本宫定是无缘前去观看了。但若尔能诚心相邀，倒也不负本宫对你的疼爱了！说人话：想去看那个好玩的地方，没钱，你请我，我就去。
搭线版
想来本宫闷儿得紧，若是有一二乐事想来定是极好的。哀家自是荣宠备至，只因天生丽质，出水芙蓉，端端一个出彩的白富美。听闻京城向来有名伶艺人、音乐天使，辗转思度，欲往会晤一瞥。怎奈何面子太薄，女儿心态，若尔能够牵线搭桥，倒也成就了一番乐事。
4S版
刚刚儿才充过电，不到半个时辰就没了，害得本宫错过boss召见，不是本宫没充够时间，是这机子自个儿不争气，以前那台伺候本宫多年，尽管模样儿墩厚老实，但也没出过什么差错儿，都怪本宫听信他人所言换成这货，中看不中用，一副狐媚相儿！
允在版
偶然间瞧见电脑播放的节目，节目中银白发色清俊男子低眉浅笑，低唱中文HUG，另一黄发俊美男子眼中露出丝丝宠溺，点点尴尬。两人视线之间纵使火花，犹如初恋般羞涩。游戏时不顾众人眼光，甚是恩爱，使得整个节目温馨粉红。说人话！允在丫的太表脸了，这可是在节目里！

续表

留学版
今儿个是小长假后的第一日，家长急切留学虽是要紧，却也不能忘了专业二字。如今的留学机构虽是越发的多了，但今日不比往昔，杂乱的留学行业必是车水马龙，热闹得紧，假的更是……若是找了家不专业留学机构，钱也没了，人也毁了，这……这……真要败了。
西瓜节版
方才臣妾见皇后在屋中烦闷，想必是在宫中呆久了，再好的景儿也难免腻歪。可巧儿前期有网站放出消息来，说是金陵那边有个西瓜节，单就这节日倒也罢了，断不敢惊扰皇上的，奇就奇在那些瓜们。我空长这许多年，从不曾想西瓜竟也有三角的、方形的、心形的、情侣的，模样儿新颖出彩、精巧可人，味道想必是极好的。难为那些瓜农们巴巴地惦着，还邀请了各路名角儿撑场，只盼着能博得皇上一乐。如若置之不理，倒真真辜负了他们的一番心意。不如我们一同前往，一则可体现皇上爱民如子之心，二则可解后宫姐妹夏日烦躁之苦，四郎以为如何？臣妾闲来无事，拟了个活动单子，供四郎一览。
交警版
今儿个是小长假最后一日，赶着回家虽是要紧，却也不能忘了安全二字。如今的路虽是越发的宽广了，但今日不比往昔，路上必是车水马龙，热闹得紧。若是超了速，碰了车，人没事倒也罢了，便是耽搁了回家的行程，明日误了早班，也是要挨罚的。总之你们且记住了：舒心出门，平安到家。
学外语版
方才察觉自己未来的英语水平再提升空间极是微小，私心想着下一步得大力提高一下汉语能力，从而定可中外兼修，方不负恩泽，对于学贯中西想必也是极好的！说人话：好好研究我的这本汉语书。
美容版
私下想来，明星为何年老无皱？方才在网上查了下，原来电波拉皮除皱很不错，有皱纹做电波拉皮，定可除之，真真是不错啊，若本宫有钱做电波拉皮除皱，定可年轻靓丽！说人话：电波拉皮除皱就是好。
郑允浩版
“方才回顾原前图片，见一台上男子，唇红齿白眉目如画，相貌自是极好的，只是这姿态妖娆，袅袅楚宫腰，神情也是似嗔似怨，甚是挑人，想来也是台下佳人众多，博个欢心罢了，这般卖力，倒也不负恩泽”“说人话！”“郑浩浩又卖萌了＝　＝”
（《百度百科》2017 年 10 月 1 日访问）

除了上面的例子外，还有“失眠版、公文版、施工版、找工作版、不想上班版、入戏太深版、我瘦了版、中午吃神马版、离婚大战版、程序员版、教师版、网购版、恶搞苏牙版”等。

第五节　网络体特点

一　创作的自由性

谈到网络体特点，创作自由，人人都可以称为网络体的作家，这是产生各种网络体的根本所在。

顾晓鸣（2001：4）认为：

> 白话文取代文言文的直接结果，便是本来没有资格读书看报的人，本来没有资格写作的人，参与到了写作和阅读，办报和评报等文化过程中，他们的个人体验、思想和要求以文字的形式得到了表述，他们的文化进入书写系统，他们的形象进入影视——从此产生了无产阶级和平民的文学、艺术和文化。

顾晓鸣（2001：4）认为，白话文由于网络对话和书写的即时的互联互动和多媒体特性，转化为网话文。出现了一种全新的写者与读者的关系：写手张扬个性不加思索的抒发与渴望被人阅读，关注和访问的潜意识的微妙结合，在文章中留下蛛丝马迹，耐人寻味。

> 因此，网话文的写作状态导致着文学的变异。“语不惊人死不休”有可能成为实践，固有的词汇可能被故意误用和误读，个人化的新的词汇，随时被用和被传。今日已成口头禅的“酷”和“另类”，借网之势，有可能越演越烈。词汇的变异，语法的变异，文体的变异，直接导致文学的变异，而文学，本质上是人的存在在文字书写中的体现。

创作自由，形成了各种网络体，这是一种全新的文学创作。人人都可以成为网络体的作者，热爱这些文学模式的读者，就成为网络体繁荣的推手。

二 吸引人

有人创作，就需有人“捧场”，要有人捧场，必须要吸引人。网络体具备了吸引人的这一要素。

三 流行性

网络体具有流行性，大多网络体来得快，去得也快。刘善涛（2013：76）总结了2011年1月到2012年5月期间流行的网络体。

表11－1　　刘善涛收集的网络体

月份	热词
2011年1月	见与不见体
	扫地老太太体
2011年2月	微博体
2011年3月	咆哮体
2011年5月	私奔体
2011年6月	云召体
	高铁体
2011年7月	卖萌体
2011年8月	蓝精灵体
	Hold住体
2011年9月	琼瑶安慰体
	步步惊心体
2011年10月	校长撑腰体
2011年11月	中英穿越体
	赵本山体
2011年12月	秋裤体
	唤醒体
	膝盖中箭体
2012年1月	深夜体

续表

月份	热词
2012 年 2 月	生活体
	海燕体
2012 年 3 月	杜甫体
	合并体
2012 年 4 月	惆怅体
2012 年 5 月	甄嬛体
……	……

刘善涛（2013：77）认为，这些网络体，并非只是在网聊内流行，在社会上也照样有一定的影响：

> 据国家语言资源监测与研究中心平面媒体分中心所公布的 2011 年春夏季中国报纸娱乐类十大流行语显示，“咆哮体”、“私奔体”入围其中。而在国家语言资源监测与研究中心、北京语言大学等部门最近联合公布的 2011 年度中国媒体体育娱乐类十大流行语中，则以“某某体（撑腰体、淘宝体、断电体等）”的形式显示其中。

张颖炜（2015）总结了 2007—2013 年各年份出现的网络话语体见下表：

表 11－2　　张颖炜总结的网络体

2007 年	孩子体、剪刀体、知音体、琼瑶体
2008—2009 年	红楼体、纺纱体、梨花体、蜜糖体、脑残体、排比体、走进科学体、装 13 体、LOLI 体
2010 年	凡客体、回音体、亮叔体、埋汰体、排比体、投身体、微博体、乡愁体、校内体、羊羔体、子弹体、剑雨体、QQ 体

续表

2011 年	宝黛体、撑腰体、蹉跎体、大概体、丹丹体、断电体、高铁体、葛优体、鼓力体、hold 住体、还珠体、唤醒体、将爱体、精神体、鲸鱼体、赳赳体、见与不见体、陆川体、谋杀体、咆哮体、起码体、亲密体、轻度体、如果体、收听体、私奔体、随手体、淘宝体、挺住体、团圆体、小贱体、幸福体、一淘体、有种体、遇见体、怨妇体、约会体、助理体、蓝精灵体、360 体、TVB 体、诗词混搭体、校长撑腰体、中英穿越体
2012 年	90 岁体、白素贞体、表白体、惆怅体、春式家书体、承诺体、厕所体、倒写体、德纲体、底线体、丢脸体、方阵体、非凡体、废话体、合并体、高考体、高贵体、海燕体、假想体、雷锋体、流氓体、末日体、梦遗体、明星体、青春体、忍够体、舌尖体、生活体、熊胆体、元芳体、眼中体、一句话体、遗憾体、因为体、英雄体、甄嬛体
2013 年	包裹体、陈欧体、腹黑体、回爱体、马上体、沈从文体、土豪体

从刘善涛（2013）和张颖炜（2015）收集的表中看出，网络体的流行性表现得很充分。

第六节 结语

传统的语体是在长期的语言使用中慢慢形成的，有着自身的合理性和稳定性。网络体是随着计算机网络的发展而发展起来的，以它的独特性吸引了众多网聊者的创作和追捧。这是有其自身原因的：自由的写作、自由的“发表”，是催生网络体的温床；吸引性是促使众多网民不断完善和创造网络体的动力所在；流行性则是推陈出新的基础。我们可以批评网络体，也可以支持网络体，网络体在一定的时间内会有存在的空间。

第十二章

QQ和微信网聊话语应用对比

第一节　引言

QQ是1999年推出的第一个即时通信软件（OICQ），到目前为止，QQ还在不断更新，还保持了一定数量的用户。微信是2011年推出的一个为移动互联网提供即时通信服务的应用程序，用户在不断增多。虽然两个软件功能大致相同，且都出自腾讯公司，但两者一直处于一种竞争的状态，各自每年都在不断创新，不断改进。本章主要介绍两个软件的发展简况，讨论两个软件各自的特点和差异，其目的是探究这些特点和差异对聊天话语的使用有什么影响。本章最后探讨了在本项研究的基础上可能进一步研究的课题。

下面简要介绍一下QQ概况。

1999年2月，腾讯正式推出第一个即时通信软件——“OICQ”，后改名为腾讯QQ。腾讯QQ（简称“QQ”）是腾讯公司开发的一款即时通信软件。标志是一只戴着红色围巾的小企鹅。腾讯QQ支持在线聊天、视频聊天以及语音聊天、点对点断点续传文件、共享文件、网络硬盘、自定义面板、远程控制、QQ邮箱、传送离线文件等多种功能，并可与移动通信终端等多种通信方式相连。2022年2月10日，QQ诞生23周年，腾讯QQ团队宣布，在春节期间测试超级QQ秀已上线，本次升级后，超级QQ秀新加入了可以由用户自行定制的小窝系统和可以走动聊天的室外场景。2022年6月，QQ v8.8.95版本正式推出“智能视频字幕”功能，聊天中的视频消息支持展示字幕。据介绍，智能视频字幕功能仅支持普通话，且仅适配安卓。

从涉及网聊信息看，QQ群是由一个聚集一定数量QQ用户的长期稳定的公共聊天室。QQ 群成员可以通过文字、语音进行聊天，在群空间内也可以通过群论坛、群相册、群共享文件等方式进行交流。创建的 QQ 群的人叫作群主，能委任群成员为管理员转让群和解散群，群主和管理员可以添加、删除群成员。

2012 年 12 月 4 日，腾讯 QQ 正式开放了人数上限 1000 人的 QQ 群。2012 年 12 月 20 日腾讯 QQ 群 1000 人群升级为 2000 人群，从这天起腾讯 QQ 群正式开放 2000 人群了。2018 年 10 月，腾讯 QQ 上线了一项超级功能，允许创建成员多达 3000 人的超级群聊，但仅面向 QQ 年费超级会员，属于一项特殊福利。

下面介绍一下微信概况。

微信（WeChat）是腾讯公司于 2011 年 1 月 21 日推出的一个为智能终端提供即时通信服务的免费应用程序。微信支持跨通信运营商、跨操作系统平台通过网络快速发送语音短信、视频、图片和文字，同时，也可以使用通过共享流媒体内容的资料和基于位置的社交插件“摇一摇”“朋友圈”“公众平台”“语音记事本”等服务插件。截至 2016 年第二季度，微信已经覆盖中国 94% 以上的智能手机，月活跃用户达到 8.06 亿，用户覆盖 200 多个国家和地区、超过 20 种语言。

2021 年 1 月 21 日，微信更新至 8.0 版本。2021 年 7 月，在最新推出的 8.0.8 版本中，微信不仅可以同时登录手机、PC/Mac 设备，还增加了平板设备的同时登录功能，这也就意味着，平板设备在微信的使用逻辑中已经与手机和电脑处于平级，用户可以同时登录的设备数量也达到了 3 台之多。

从涉及网聊的信息如下，微信群人数上限暂为 500 人。微信群相当于讨论组的形式，和 QQ 群有所不同，没有群号码的展示。微信群创建后，群成员就可以拉其他人加入群，也可以将微信群二维码进行分享，让其他人通过扫微信群二维码的方式申请加入。还有一点需要注意的是：微信暂不支持设置拒绝或屏蔽加入微信群。

2022 年 10 月，微信有更新，首先就是在群聊里@ 别人可以多选了，不需要像以前一样逐一@ 好友。关于群聊的更新也相当实用，以后在你退出微信群的时候可以选择保留聊天记录。微信界面上会多出一个作为平板登录的选项登录之后你的两台手机上都可以收到微信同步的信息，在折叠屏上显示的是平板微信已登录的提示。

微信语音。用户在接听微信语音电话时，无须解锁苹果进入微信接听，而是直接像接听普通电话那样一键接听就可以。原因是，微信将语音功能更新了三个内容：收藏里的笔记可以保存为图片、分享至朋友圈；已撤回的消息可以再次编辑；语音聊天可以像系统电话一样接听。

替换单词。用户将语言选项选为英文，主界面的顶部提示信息从“Wechat”替换为“Weixin”，而“WeChat ID”也变成“Weixin ID”，且“WeChat Pay”取消关键词“Wechat”仅保留了“Pay”。

2022 年 12 月，微信键盘 1.0.0 正式版发布，用户可从各大应用商店下载。微信键盘是腾讯微信团队打造的一款中文输入法，支持中英文输入，可选择九宫格、全键盘、五笔、笔画、双拼、手写等多种输入方式。同时支持语音转文字，可识别普通话、粤语、英语等。

第二节　QQ 和微信的异同

一　QQ 和微信总体异同

许建涛（2013：134－135）把微信描写为“站在 QQ 肩膀上衍生的‘富二代’”，他认为，QQ 和微信的关系是一种继承和发展的关系，他归纳了三个方面微信对 QQ 的继承，总结了三个方面微信对 QQ 的优化。

三个方面的继承：（1）属性的继承。相对于人人网和微博等以分享信息为主的媒介工具，QQ、微信更加注重人际交流，属性上更加趋向于社交工具。QQ 的问世改变了交流的方式，促进了整个社会成员之间的交流。微信将信息通过传受双方的移动终端进行即时传输与反馈，并进行保留，仍是以人际交往为导向，以信息的传播与交流为最大目的。（2）社交圈的继承。微信是腾讯为智能手机终端提供即时通信服务的应用程序，QQ 用户的庞大是微信在推广使用中的巨大优势。从微信的功能创新演进中可以看出，微信 2.0 的创新功能包括 QQ 邮箱提醒，更是直接接入 QQ 资源，包括 QQ 通讯录列表直接添加好友，还包括 QQ 离线消息提醒和 QQ 好友推荐等多种功能。微信以手机通讯录和 QQ 好友通讯录为基础，为用户提供了更为快捷方便的即时通信方式。（3）通信方式的继承。有学者称新媒体是“5A”媒体，即任何人可以通过新载体在任何时间、任何地点、以任何媒介信息表现形式传递任何信息。QQ 最初实现了利用文字、图片、语音进行快捷、定向的即时通信，微信保留了QQ的信息传播方式，并在其基础上开拓出更大的空间，强化了即时通信的功能，在更大程度上体现了全媒体时代人与人之间交互的多元化和便捷性。

三个方面的优化：(1) 隐私权限的保护。1) 目标交际圈的缩小。于2012年4月正式启用的微信朋友圈功能，性质上类似于QQ空间，但远比QQ空间简洁私密。朋友圈"圈子"的设计理念等使得它成为一个具有私密社交性质的工具。2) 在线状态的隐藏。QQ用户可以根据自己的状态来选择在线状态，长期保持在线状态让QQ用户难免收到垃圾信息，应付各种QQ朋友也让在线用户筋疲力尽，所以QQ逐渐造就了"隐身党"。微信是基于智能手机的应用，具有后台推送的功能，微信没有在线和离线的概念。(2) 功能的精简化。1) 内容集中。微信更接近于一款纯粹的社交软件，其本身不提供新闻信息、商业广告、游戏音乐。用户可以通过连接第三方或是关注公共账号来获得上述的服务。比如在微信的聊天界面可以接收QQ音乐链接来欣赏音乐，或是通过关注新闻类的公共账号来获取所需要的信息。微信的朋友圈服务则体现了对QQ空间的简化，以发布个人信息和互相评价为主。相较于QQ某些强加型的服务，微信提供让用户自主定制的服务平台，使用户拥有了更多的自主权与选择权。2) 界面简洁。截至目前，微信分为手机客户端与网页版，尚无PC客户端，而网页版需要借助手机客户端扫描二维码才可以登录。以iPhone客户端为例，微信最新版本为4.5版本，共设有四个按钮：微信（即最近联系人）、通讯录、朋友圈、设置，界面十分简洁。根据施拉姆选择或然率理论，受众获得信息越简单，所选择这种媒介的可能性就越大，因此功能指引性强的界面在众多的社交方式中具有优势。微信的界面尊崇"少即时多"的设计理念，功能设计较为简洁清晰、规范统一，使所有功能都能保持在"点击三步"以内。(3) 载体的便携性。QQ诞生之初硬件依靠的是电脑，从台式到笔记本电脑，QQ运作硬件越来越方便轻巧，QQ手机客户端是一个创新，但也有一定限制，比如QQ群共享的文件，QQ手机用户是无法进行下载查看的。因此QQ用户是无法离开电脑的。微信用户不用考虑客户端的问题，其服务依附于智能手机，据中国互联网信息中心发布的第31次《中国互联网络发展状况统计报告》，2012年我国手机网民数量为4.2亿，据美国移动业务分析公司Flurry发布的最新统计数据显示，中国是全球最大的智能手机市场。

杨正瑭（2016）从功能的角度总结了 QQ 和微信的异同。

相同点：1）都具备如语音、视频聊天、文字消息等即时通信的社交功能。2）都具有各自的社交平台，可以发表语音、视频、文字消息，而 QQ 还能发表心情主题。3）都可以添加好友，且都有基于 LBS 的陌生社交功能。4）都有开放平台和基本相同的第三方应用，如滴滴出行、大众点评等。

不同点：1）QQ 功能更丰富，具有游戏、音乐、部落空间、阅读扩展功能，娱乐性更强，而微信则更注重实时社交的感受。2）微信朋友圈能实现好友间实时互动，圈内社交功能更强；而 QQ 具有匿名点评，虽所有人都能看到，但对点评者而言私密性更好。3）微信与手机号绑定，直接登录，且无状态区分；QQ 可以自由选择自己的登录在线方式，如在线或忙碌、隐身和离线，还能显示网络状态等其他自定义状态，而 QQ 可以关联另一个自己的 QQ 账号，随时切换查看。

二　QQ 和微信在网聊方面的异同

两者相同点：

QQ 网聊和微信网聊都是通过互联网进行在线聊天的方式。

两者不同点：

平台背景不同：QQ 网聊是腾讯公司开发的即时通信软件，而微信是腾讯公司旗下的移动社交应用软件。

功能定位不同：QQ 主要是一款 PC 端的即时通信软件，支持文字、语音、视频等多种聊天方式，同时也具有游戏、邮件、群组等多种功能；微信则是一款以移动端为主的即时通信软件，除了文字、语音、视频聊天外，还包括朋友圈、公众号、小程序等功能。

用户群体不同：QQ 网聊的主要用户群体是 PC 端的用户，而微信的用户主要是移动端的用户。

社交圈子不同：QQ 网聊的社交圈子更注重在线社交，用户可以通过加好友、群组等方式扩大自己的社交圈；微信则更注重真实生活中的社交关系，用户主要通过扫码、通讯录、附近的人等方式添加好友。

使用场景不同：由于 QQ 主要是 PC 端使用，因此适合于在办公室、家庭等环境中使用，而微信则更适合在手机等移动设备上使用，可以随时随地进行聊天和社交。

安全性不同：由于微信更多地涉及个人隐私信息的分享，因此其安全性更为严格，而 QQ 则相对较弱。

第三节 个例分析

众所周知，QQ 网聊语言与微信网聊语言在很多方面都有相似和相同之处，这一点我们在上一节有所讨论，但是，由于这两种语言在功能和依托媒介上有所区别，因此，我们有理由相信它们在语言使用上也会存在某些不同的特点。本节将通过一个个案分析，从话轮转换的角度，来比较 QQ 网聊与微信聊天语言的异同。通过个案分析，为大家提供一个对这两种语言对比研究的示范。

在第八章讨论话轮时，我们介绍了希夫林（1994：62）的观点，他认为在面对面交际中的谈话中，一个最重要的特点就是话轮有“秩序”，这种秩序是高层次规则的体现，谈话的秩序反映了人际交往的社会组织结构。具体说秩序的体现就是“毗邻对”。举个例子，一问一答就是“毗邻对”，如张三问：“你明天去北京吗?”，李四回答：“是，我已经买好票了”。

我们谈到过，在 QQ 网聊的研究中，我们发现，多人网聊群里会出现一种跟面对面会话不同的情况，违反了“毗邻对”的原则，给人一种“跳跃话轮”的印象。拿“一问一答”举例来说，“问”出现后，等到“答”出现，中间已经隔了一个或多个跟“问—答”无关的话轮，如下例所示：

（1） a　　　　b　　　　c

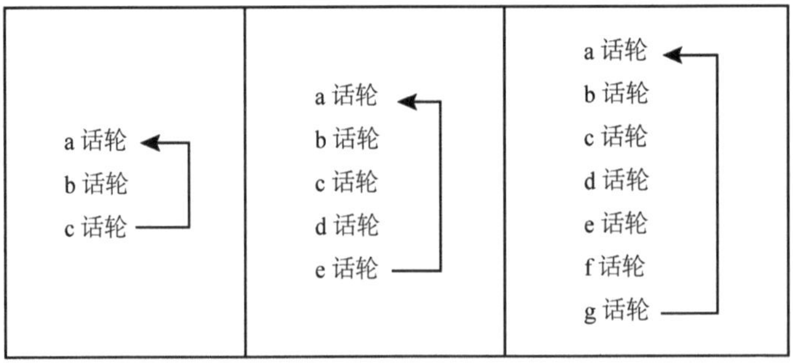

例（1a）中间隔了一个无关话轮（尽管话轮b和话轮a是“毗邻对”，但话轮b语义上跟话轮a无关），例（1b）中间隔了三个无关话轮，例（1c）中间隔了五个无关话轮。这样就打破了典型会话中的“毗邻对连贯”的模式。这是网聊话语中一个特别的语义模式，这种“跳跃话轮”我们称为“非典型话轮连贯”。

“非典型话轮连贯”这一模式有时会给网聊读者带来不便，因为读者看到“答”后需寻找到“问”才能建立语义连贯。

微信多人对话中，也存在这种话轮跳跃，但是，它开发了“引用”的功能，部分地解决了这个问题。图12－1至图12－3是“陈述—评论”的具体操作步骤。

第一步：在手机上按住“陈述”部分（我们暂且看作一个话轮），如图12－1中的“母亲 作者：莫言”，这时就会出现多个选项，其中一个选项是“引用”。

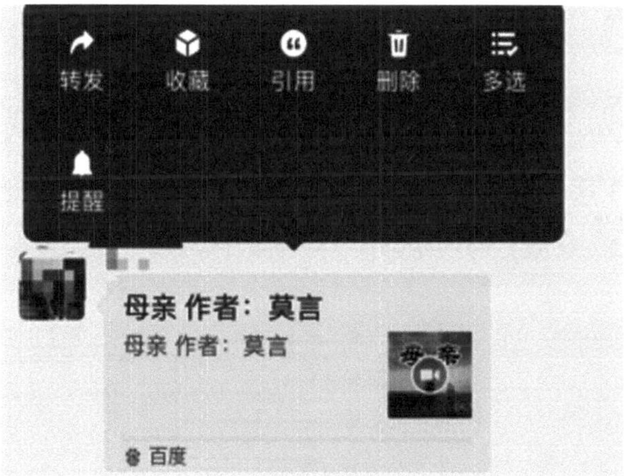

图12－1 第一步

第二步：点击“引用”，就出来图12－2模样。上面是正常的输入框（底色是白色），下面紧接着出现“陈述”的话轮“母亲 作者：莫言”，为了跟上面的输入框有所区别，“陈述”这个话轮的底色是淡灰色。

图 12 - 2　第二步

第三步：输入框里正常输入内容，如图 12 - 3 的“评论”话轮“讲得真好!”加两个表赞赏的大拇指。而“陈述”话轮依然附在后面。网聊读者一看就明白，上面的话轮是评论，下面附带的话轮是陈述。

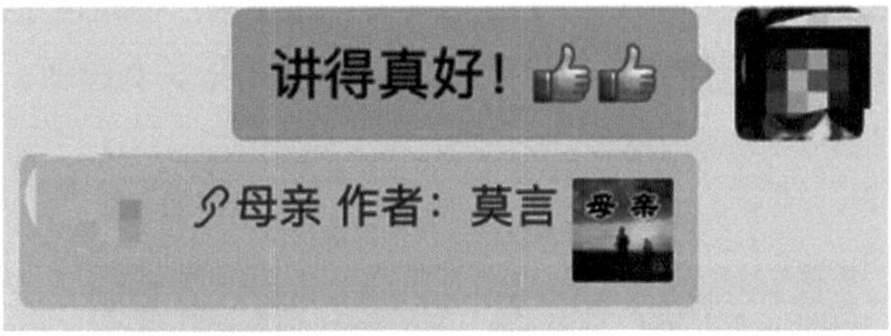

图 12 - 3　第三步

图 12 - 3 这个模式跟面对面会话有所不同，面对面会话是“陈述”在前，“评论”在后，而网聊的图 12 - 3 的模式是：

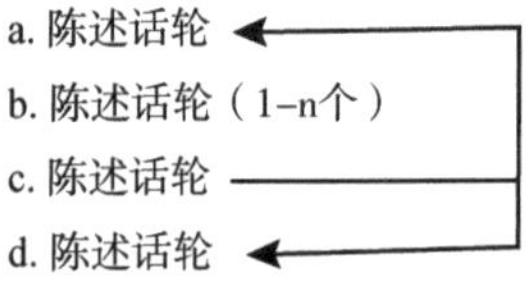

微信这个“引用”的功能，接近了面对面会话的“毗邻对”的模式。给网聊读者带来了很大的方便。这个改进对篇章建构有了新的贡献，从跳跃话轮又回到“毗邻对”，只是“毗邻对”的次序有所改变，但不影响读者的语义理解。这就显示了微信在话轮连贯上作出了贡献。

此外，本研究中对 QQ 网聊语言的其他发现，例如词法、句法等，是否适用于微信语言，都值得我们下一步深入的研究。

这里的个案分析说明了这样一个情况：科学技术的发展，如互联网的发展产生了网聊话语，网聊话语产生了跟典型日常会话的模式有区别的“非典型话轮连贯”。微信的发展，又部分修补了“非典型话轮连贯”的语义模式。科学技术的发展不断给人们提供方便快捷的交流方式，将来可能会出现比现在更为先进的人际交流手段。

第四节　研究思路

以上介绍可以看出，QQ 和微信各有所长，本项研究是以 QQ 聊天为基础的研究，现在微信的出现，是一种移动互联网为基础的及时通信软件，在这种情况下，给我们提供了更多的研究空间，以下仅举几个例子。

1. 以熟人为主的聊天群和以陌生人为主的聊天群，在语言上有什么不同

杨正瑭（2016：11）认为，“微信朋友圈搭建在熟人基础上，偏向熟人社交，私密性较好；而 QQ 的社交圈则可有熟人也可有陌生人，相对较杂。”本项研究的语料 QQ 的网聊话语，网聊话语显示确实基本是陌生人；现在的大多数微信群，感觉是以熟人为主。当然这里的熟人是广义的，并非是彼此认识，有来往的熟人，或是同一行业的人建的群，某个单位的人员建的群。从名称来说，如同学群，退休群，语言学群等。这些群中的人，可以暂且看作“熟人”，有些群还要求写上“人名 + 单位”，这种身份的标识，显示了熟人的某些特征。

从会话的角度来看，跟陌生人会话和跟熟人会话应该有所不同，刘虹（2004）、王丕承（2009）、易保树（2010）、邱乐乐（2011）等人对陌生人和熟人之间的会话作了探讨。根据前人的研究我们总结了陌生人和熟人会话的几个不同点。1）开场白不同：和熟人交流时，通常会用更亲热的语言和问候方式，比如直接说“你好”“嗨”“最近怎么样啊?”等，而和陌生人交流时，则通常会用更礼貌的语言，比如“您好”“请问……”等。2）话题不同：和熟人交流时，通常会讨论一些更私人或者更熟悉的话题，比如彼此的兴趣爱好、家庭生活等，而和陌生人交流时，则通常会讨论一些更中立或者更普遍的话题，比如天气、新闻事件、当前热门话题等。3）熟悉度不同：和熟人交流时，双方已经有了一定的默

契和相互了解，因此通常会更放松自在、自然流畅，而和陌生人交流时，则更需要注意用词和表达方式，以免引起误解或者不必要的尴尬。4）表达方式不同：和熟人交流时，通常会更倾向于使用非语言化表达方式，比如肢体语言、表情、眼神交流等，而和陌生人交流时，则需要更注重语言表达的准确性和严谨性，避免产生不必要的误解或者歧义。

这里讲的是会话的情况，而网聊话语情况有些不同，这是一种非面对面的通过电脑手机等工具主要用文字的交流，跟“陌生”人网聊和跟“熟人”网聊会有什么不同，或者以陌生人为主的QQ聊天和跟微信熟人为主的聊天在语言上会有什么不同呢，哪些情况跟会话的模式基本相同，哪些有自己显著的特点，值得研究。

2. 一对一的交流和多人群的交流有没有什么不同

在QQ和微信中，有一对一网聊和多人网聊群。QQ和微信的使用者都可以体会到一对一网聊和多人网聊之间的一些不同点：1）直接性：一对一网聊通常更直接且更私密。尽管其他人可能会轻松地获取群聊信息，但是一对一网聊更容易保持私密性和安全性。2）沟通效率：一对一网聊通常比多人网聊更有效率。其他人的干扰较少，因此更容易保持焦点和流畅的对话。3）参与度：多人网聊更加热闹，因为它可以获取更多的参与者提供的信息。一对一网聊通常更加重视一对一的情感联系，而不是在多人开放式的环境中交流。4）相关性：一对一网聊通常涉及一些更私人或更个别的话题。多人网聊常常是与主题相关的，并且通常更随意和非正式。

以上提到的几点特点，显示了两者在语言上会有各自的特点。谈到一对一的网聊，我们曾谈到汤玫英（2010：引言）举了一个作者和儿子朋友交流的例子。我们再来看一个例子，徐赳赳（2018：140－144）介绍了一次一对一的网聊经历，是“女儿”和“妈妈”的一次QQ网聊，实际上是“骗子”和“妈妈”的一次QQ网聊。“妈妈”和“骗子”网聊几个回合下来，“妈妈”就发现对方不是“女儿”，而是网络骗子。“妈妈”从词语发现，这个“骗子”一会儿叫“妈妈”，一会儿叫“妈咪”，而“女儿”一直叫“妈咪”。从句子看，“女儿”不讲“我现在就是为这事需要跟妈妈你商量一下”这类句式。从篇章看，“妈妈”提高警惕后，马上转换语码，用英语跟“骗子”继续试探，骗子英语水平不高，用谷歌翻译来回英语，彻底暴露了自己是个网络骗子。这个例子说明一对一的会话，通常有比较固定的交流模式，个性比较强。而多人聊天，话语的模式可能就不那么固定。探寻两者的网聊模式，是网聊话语研究者值得选择的一个重要的研究课题。

3. 以电脑为主的 QQ 网聊和以移动互联网的网聊有什么不同

在第一节里，我们谈到，QQ 的推出是以电脑为主的聊天工具，而微信的推出，是以移动互联网为主的聊天工具。我们观察到 QQ 和微信一些各自不同的特点：移动互联网的网聊与电脑网聊存在一定的差别。移动互联网的网聊通常采用手机应用比如微信这类社交软件进行，因此，用户可以更方便地随时随地进行聊天沟通。另外，移动互联网的网聊通常与其他应用程序或者是社交网络相结合，例如，用户可以在聊天的同时分享照片、视频和音乐等内容。而对于电脑网聊来说，用户必须使用电脑进行聊天，因此，传输的速度和流畅度可能会受到一定的影响。还有，电脑网聊常常需要打开浏览器等应用程序，操作相对比较复杂。综上所述，移动互联网的网聊相比电脑网聊更加灵活、便捷和多样化。这种移动通信的便捷化，相对 QQ 网聊，在语言的使用上会有什么变化吗?

第五节　结语

本项研究的语料是 QQ 初期以电脑为主的陌生人的聊天群中的聊天话语，从现在来看，情况有些变化，以移动互联网为媒体的微信聊天的出现，从以陌生人为主的聊天群变为以熟人为主的聊天群，从相对固定的地点的聊天，到随时随地的聊天，这都显示了两者不同的聊天方式。这种新的聊天方式，在何种程度上影响着聊天话语的模式，应该是我们的关注点。

网络聊天话语从整体来看是一个并未稳定的话语模式，它本身就在不断地发展变化。而科学技术的发展，又会影响着网聊话语的变化。本项研究中发现的 QQ 网聊话语中的一些规律，只能显示当时的情况，因此，以动态的观点来看待网聊话语的发展和变化，是对网聊研究不断走向深入的动力所在。

第十三章

结　　论

一　本项研究主要发现

本研究以自建小型语料库的语料为主要研究对象，进行量化分析，有一些新的发现。

本研究分析网词时，涉及词频、错字错词、词类活用、语码转换、网词、方言词等问题。进行词法分析时有几点主要发现：

（1）高频词是确定聊天群性质的重要手段之一。高频词常常被用来表达特定的情感、态度或者意图，对于语言交流的效果起到重要的作用。本书通过对六个聊天群中高频词的统计和分析，证实了高频词是判别该聊天群聊天主题的一个重要根据。这个发现证实了“概率因素是描写和解释语言现象的重要手段”（陈平，2022：19）。

（2）网聊话语中错字错词的概率较高和类别较多。从概率来看，网聊话语中的错误远远超出“中华人民共和国新闻出版总署令”对于错误率不超过万分之一的界定，从类别来看，有少字、多字、错字等情况，本研究发现绝大多数的错误是由“同音”造成的，造成错误的原因显然跟文字输入和上传有关，当然不能排除故意所为。如有校对同音词错误的软件，可能会大大减少网聊中的错误率。我们研究发现，对于各种错误，网聊的特点是倾向于不修补，因为在网聊中大多错误并不影响读者对句子基本意思的理解。

（3）网词是前人对“网络语言”研究的重点，从我们的语料中有如下发现：1）每个聊天群都有自己常用的一套网词。2）我们的语料显示网语的使用有如下趋向：发话者倾向用隐晦的网词来代替粗俗词、同一所指用不同的网语、网词和规范词同时用、部分网词开始进入日常用语领域、网语在不断变化之中等。

对网聊话语句法研究时，主要涉及三个方面的内容：主谓句和非主谓句的分布，小句的长短分布，网聊篇章的标点符号分布。下面是一些主要发现：

（1）主谓句在口语、书面语和网聊话语中都占了主导地位。三者相比非主谓句使用在网聊话语中出现比例最高，大大超过了口语和书面语使用。这个结果跟网聊者追求简洁性密切相关。

（2）短小精悍的小句是网聊话语和口语的结构特点之一。通过对比统计发现，书面语小句字数最多，网聊小句和口语小句长短相差不大。可能原因是书面语是经过反复校对，比较严谨。口语和网语相对来说求快捷胜过求严谨。

（3）相对书面语来说，网聊中的问号用得比较多，有时一个话轮就一个问号充当，读者可以发现这个问号实际上是发挥词语和句子的作用，这种表达法符合网聊快捷的特点。

本项研究讨论的篇章手段有话轮、身份探求、网络体、转帖、贴画等。总的感觉是相对于正式的书面语，网聊话语的篇章组织方式比较松散，通常没有明确的章节、段落划分和逻辑结构，更多的是随意组合和拼接。从篇章结构上看显得更加简洁，少用冗长的句子和复杂的语法结构，使信息传递更加快速和直接。主要的发现有：

（1）研究发现网聊话轮的最大特点是存在“非典型毗邻对”。话轮是会话分析中的基本单位，典型的正常会话表现是一问一答这种毗邻对的模式。网聊话语比较特别，在多人会话的群里，网聊话轮的一问一答中间就有可能被其他人插入其他内容，形成自己独特的话轮语义模式。这种网聊话轮模式体现了网聊话语的特点。

（2）探寻网聊中他人的身份是我们语料中经常见到的聊天话题，本项研究发现，探寻聊天对方身份主要通过“性别”“职业”“什么地方人”“网名”这四个方面的内容。由于网聊的“隐蔽性”等原因，有些涉及网聊者身份的信息，往往难以确认。

（3）“网络体”是在网络语言中常见到的一种文体，研究发现有三种网络体比较典型：以词为主（如“淘宝体”），以句为主（如“元芳体”），以篇章为主（如“甄嬛体”）。网络体的语句独特新颖、具有很强的吸引性，这也是网络话语的一个特点。

二　本项研究的研究特点和实践应用

（一）本项研究的研究特点

本项研究在第二章专门介绍了话语篇章研究的“方法论”和“研究方法”，这是本项研究的指导思想，具体来说本项研究主要有三个特点：实证性研究，系统的研究，以语料库为基础的研究。

（1）实证性研究

本项研究是一项实证性研究。实证性研究是指研究者亲自收集观察资料，为提出理论假设或检验理论假设而展开的研究。实证研究方法重视研究中的第一手资料，但并不刻意去研究普遍意义上的结论，在研究方法上是具体问题具体分析，在研究结论上，只作为经验的积累。实证研究具有鲜明的直接经验特征。本项研究还涉及量化的研究方法，对自己收集到的语料进行穷尽的统计分析，研究中借助于计算机和有关软件，但有一部分研究工作，仍用手工完成。其研究结果反映了作为语料中新媒体网聊话语的真实面貌。

（2）系统的研究

本项研究所谈的系统性指的是对网聊话语多层次的分析：涉及词汇、句法和篇章三个层次。研究显示，相对于日常会话和书面语，网聊话语的三个层次都有自己的特点。在词汇、句法和篇章三个层次中，由于词汇这个层次的表现最为明显，变化最快，人们最易感受到，因此人们对这个层次的研究最为感兴趣，投入的精力最多。而涉及网聊话语的句法和篇章的研究相对较少。本项研究对网聊的句法和篇章角度进行的初步研究显示，网聊话语在句法和篇章的表现特征也给人耳目一新的感觉。三个层次的研究可以看作是对网聊话语的研究走向系统性的一次初步尝试。

（3）以语料库为基础的研究

本项研究是以语料库为基础的，语料库指经科学取样和加工的电子文本库，其中存放的是在语言的实际使用中真实出现过的语言材料。本项研究的小型语料库有以下特点：自制的语料库，所收集的语料是网聊中实际使用语言材料，是没有经过任何加工的原始材料。这种语料看起来不那么规范和完美，但却是原始网聊话语真实面貌。本项研究主要的研究结果和统计的数据，都是以这个语料库为依托的，也都是以这个语料库为根据的。

（二）本项研究的实践和应用

本项研究至少有两个方面可以得以应用：一是舆情研判，二是教学分析。

1. 舆情研判

我们这里的网络舆情研判指的是对互联网上大众的言论和观点进行判断的行为。这些言论主要涉及对现实生活中某些热点、焦点问题所持的有较强影响力、倾向性的言论和观点。

随着互联网的快速发展，网络媒体作为一种新的信息传播形式，已深入人们的日常生活。有的群中的网友言论活跃，不论是涉及国内还是国际重大事件，马上能形成网上舆论，传播思想和观点，进而产生一定的舆论倾向。互联网从一个角度可以看作是思想文化信息的集散地和社会舆论的相对自由的表达领域。

对互联网这种网络话语的舆情研判中，应该有很多方法和技术，我们从网聊话语这个维度来考虑舆情研判，强调两个“关注”：一是关注网聊中的高频率词；二是关注“意见领袖”的观点。

（1）关注网聊中的高频率词

陈平（2022：19）把在谈到构式语法时，认为“频率”在研究中的作用不可忽视：

> 也就是说，只要“高频率出现”这样一个标准，便足以挑选出满足构式条件的语型。无论如何看待新增定义与原有定义的关系，毫无疑问的是，构式语法学界通过这个新增定义，将语言单位的出现频率提升到前所未有的理论高度。
>
> 本文证明，深藏在这些现象底层的是相关成分在系统中的对立，核心因素是它们的出现概率与信息量之间的函数关系。

我们解读他所表达的一个重要的观点就是：无论是语言成分和结构的形成规律，还是语言的运行机制，位于最深层体现其本质属性和运行规则的，是一方涵泳万物的概率世界。

在本书几个章节中，我们分析了高频词，并强调高频词在话语篇章研究中所起的作用：在网络聊天中，高频词能从一个侧面看出发话者所关心的内容，或者说是聊天者的主要关注点。因此在舆情研判中，要重视网聊中的高频词的分析。比如说，某个聊天群对某件事进行讨论，通过对高频词的研究，可以分析出网聊者所表达的倾向性：主要观点和次要观点，多数人观点和少数人观点，以期达到掌握聊天者的倾向性看法，为有关机构制定化解矛盾的措施提供语言学的假设。

（2）关注“意见领袖”的观点

我们在研究中发现，每个群中的成员，活跃程度是不一样的。本项研究的语料显示，哪怕是上千人的大群，真正的活跃分子也就那么十几个人，有一些人是偶尔发个言，有一些人长期只看别人发言，自己极少发言，还有一些人是偶尔进群看一下。有学者提出“意见领袖”这类人物，估计就产生于这些活跃分子之中。肖敏勤（2014：150）是这样解释“意见领袖”概念的：

> “意见领袖”（opinion leadership）源自传播学者保罗·拉扎斯菲尔德（Paul Lazarsfeld）和伊莱休·卡茨（Elihu Katz）在上世纪40年代提出的两级传播论（two step flow of communication），他认为大众传播只有通过“意见领袖”的中介才能发挥影响。意见领袖是指那些在人际传播中经常为他人提供信息或意见，并对他人施加影响的“活跃分子”。
>
> 在新媒体时代，由于论坛、帖吧、博客、微博等新媒体的出现，新媒体意见领袖具备了一些新的特征：一方面由于新媒体的传播特点，使得意见领袖的观点传播更快，受众更多，舆论引导的能力更强。另一方面，新媒体意见领袖的主体结构更为复杂，新媒体意见领袖不再单纯地来源于精英阶层，社会地位、学识高低等因素不再是决定意见领袖身份的条件，他们可能分布于社会各个阶层，既有知名学者、社会名流、大众明星，更有三教九流等各色人群。因此新媒体意见领袖的观点往往反映了各社会阶层的主张，其意见并不是中性的自话自说，往往带有强烈的阶层利益色彩。

从理论上讲，意见领袖应该有多种类型，在不同的领域起作用，我们这里因为涉及舆情，因此指的是对社会热点有兴趣的意见领袖。

我们认为，网聊话语的研究成果可以帮助舆情管理者识别网络舆情中的关键词和情感词，从而更好地理解网聊用户的关注点和情感倾向，及时和准确掌握舆情变化趋势，以便制定合适有效的政策和方法，维护社会稳定。

2. 教学分析

我们从“必要性”和“可行性”两个方面来简述网聊话语进入教学这一问题。

（1）必要性

作为新媒体网聊这样一种语言是否能进入教学领域，不同的人有不同的看法。有人认为，网聊语言是一种不规范的语言，不应进入语言教学。但也有人认为，语言规范是相对的，“纯洁”的语言是没有的，“应特别指出的是，不管是媒体还是其他语言使用者，语言规范的目标都不应是‘语言纯洁’，而是语言生活和谐。语言其实是不可能纯洁的。不同职业、不同文化层次的人在使用语言，人们在不同场合、凭借不同的媒体使用语言，语言在不断发展，新词语新用法可能同旧的语言规范、甚至是社会规范发生抵牾，怎能强求其纯洁？语言具有强大的自组织能力，披金淘沙，舍劣存优，焉惧其不纯洁？”（李宇明，2017：156－157）本项研究显示，网络词也开始进入“规范媒体”，如2010年11月10日，网络热词“给力”登上《人民日报》头版头条，而且有些网词开始进入词典。从语言学的角度来看，新媒体语言是一种“活”的语言，现在正在得到广泛应用，不应该排除在语言教学之外。

（2）可行性

网络话语的教学，可以从不同的方面，按不同程度的学生，进行不同的教学。如按本项研究的思路，可以从网聊话语的词汇、句法和篇章三个角度进行。

网络话语的词汇的教学。可以从不同的方面进行讨论，如哪些是网词，网词的表现，网词构词的规律，网词变化的规律，网词的得和失等问题，在此基础上，建议重点分析网络词语形成的机制，以及深层次形成的动因。

网络话语的句法教学。这里的句法就是指网聊话语的句式的表现，鼓励学生对网聊话语进行对比研究，如跟口语和书面语进行比较。引导学生发现相同点和不同点，并试着解释为什么会有这些不同点。

网络话语的篇章教学。本项研究中所涉及的一些篇章手段，可以跟学生进行讨论，篇章手段应该不仅仅是本项研究中所涉及的这些手段。比如说，我们设想，如果引入“互文”的视角（徐赳赳，2018），会不会有新的发现？

参考文献

Alvesson, Mats and Dan Karreman. 2000. Varieties of discourse: On the study of organizations through discourse analysis. *Human Relations* 53, 9: 1125 – 1149.

Bacon, Francis. 1902 [1620] . *Novum Organum*. New York: P. F. Collier & Sons.

Baxter, Judith A. 2010. Discourse-analytic approaches to text and talk. In Lia Litosseliti, ed. , *Research Methods in Linguistics*. New York : Continuum. pp. 117 – 137.

Blaikie, Norman. 2007. *Approaches to Social Enquiry: Advancing Knowledge*, 2nd edition. Cambridge: Polity.

Bondarouk, Tanya V. and Huub J. M. Ruel. 2004. Discourse analysis: Making complex methodology simple. In Timo Leino, Timo Saarinen, and Stefan Klein, eds. , *Proceedings of the 12th European Conference on Information Systems* (ECIS) . http : / /www. ecis2004. fi [accessed 3, Jul. 2017]

Cameron, Deborah. 2001. *Working with Spoken Discourse*. London: SAGE Publications.

Cameron, Deborah. 1998. Performing gender identity: Young men's talk and the construction of heterosexual masculinity. In: Coats, J. ed. , *Language and Gender: A Reader*. Oxford: Blackwell Publishers.

Chouliaraki, Lilia and Norman Fairclough. 1999. *Discourse in Late Modernity: Rethinking Critical Discourse Analysis*. Edinburgh: Edinburgh University Press.

Comte, Auguste. 2009 [1848] . *A General View of Positivism*. New York: Cambridge University Press.

Crystal, D. 2001. *Language and the Internet.* Cambridge: Cambridge University Press.

Crystal, D. 2008. *A Dictionary of Linguistic and Phonetics.* Oxford: Blackwell.

De Beaugrande, Robert – Alain and Wolfgang Ulrich Dressler. 1981. *Introduction to Text Linguistics.* London and New York: Longman.

Dilthey, Wilhelm. 1972 [1883]. Einleitung in Geisteswissenschafien. Leipzig: Duncker & Humblot.

Drew, Paul and John Heritage. 1992. *Talk at Work: Interaction in Institutional-Settings.* Cambridge: Cambridge University Press.

Edmondson, W. 1981. *Spoken Discourse: A Model for Analysis.* London: Longman.

Ekka, F. 1972. Men's and women's speech in Kurux. *Linguistics*, 81.

Elliot, Richard. 1996. Discourse analysis : Exploring action, function and conflict in social texts. *Marketing Intelligence & Planning* 14, 6: 65 – 68.

Fairclough, Norman. 2001. *Language and Power*, London: Longman.

Gadamer, Hans-Georg. 1975. Responses to 'theory and practice'. *Philosophy & Social Gritism* 2, 4: 357.

Gilbert, G. Nigel and Michael Mulkay. 1984. *Opening Pandora's Box: A Sociological Analysis of Scientists' Discourse.* Cambridge : Cambridge University Press.

Gillmor Dan, 2004. *We the Media: Grassroots Journalism by the People, for the People.* Sebastopol: O'Reilly Media, Inc.

Gu, Yueguo (顾曰国). 1999. Towards a model of situated discourse analysis. In Turner K. ed., *The Semantics and Pragmatics Interface.* Amsterdam: Elsevier Science Publisher.

Haas, M. 1964. Men and women's speech in Koasati. *Language*, 20.

Halliday, Michael A. K. 1974. Discussion. In Herman Parret, ed., *Discussing Language.* The Hague : Mouton. pp. 205 – 210.

Hammersley, Martyn. 2003. Conversation analysis and discourse analysis: Methods or paradigms. *Discourse & Society* 6: 751 – 781.

Hardy, Cynthia. 2001. Researching organizational discourse. *International Studies of Management & Organization* 31, 3 : 25 -47.

Heritage, J. and D. Greatbatch. 1991. On the institutional character of institutionaltalk: The case of news interviews. In D. Boden and D. H. Zimmerman, eds., *Talk and Social Structure.* Berkeley, CA: University of California Press, pp. 93 -137.

Jefferson, Gail. 1984. On stepwise transition from talk about trouble to inappropriately next-positionedmatters. In Maxwell Atkinson and John Heritage, eds., *Structures of Social Action : Studies in Conversation Analysis.* Cambridge: Cambridge University Press. pp. 191 -221.

Jogensen, Marianne and Louise J. Phmips. 2002. *Discourse Analysis as Theory and Method.* London: SAGE Publications.

Kuhn, Thomas. 1996 [1962] . *The Structure of Scientific Revolutions*, 3rd edition. Chicago, IL: University of Chicago Press.

Lacity, Mary C. and Marius A. Janson. 1994. Understanding qualitative data: A framework of textanalysis methods. *Journal of Management Information Systems* 11, 2: 137 -155.

Lakoff, R. 1975. *Language and Women's Place.* New York: Harpcr Colophon Books.

Levelt, Millem J. M. 1989. *Speaking: From Intention to Articulation.* Cambridge MA: The MIT Press.

Levinson, S. C. 1983. *Pragmatics.* Cambridge: Cambridge University Press.

Mann, W. and S. A. Thompson. 1986. *Rhetorical Structure Theory: Describe and Construction of Text Structure.* ISI Reprint Series (ISI/RS -86 -174) .

Mann, W. and S. A. Thompson. 1987. Rhetorical structure theory: A theory of text organization. USC Information Sciences Institute. *Technical Report* 1 (SI/RS -87 -190) .

McGregor, Sue L. T. and Jennifer A. Murnane. 2010. Paradigm, methodology and method: Intellectualintegrity in consumer scholarship. *International Journal of Consumer Studies*, 34, 419 -427.

Ong, W. J. 1982. *Orality and Literacy: The Technologizing of the Word.* London: Methuen.

Quan - Haase, A. 2009. Text - based conversations over instant messaging: Linguistic changes and young people's sociability. In C. Rowe and E. L. Wyss, eds., *Language and New Media: Linguistic, Cultural and Technological Evolutions. Cresskill*, NJ: Hampton Press. pp. 33 - 54.

Sachs, J. 1975. Cues to the identification of stories by children. In: Thorne, B., Henley, N. eds., *Language and Sex: Difference and Dominance.* Rowley: Newbury House.

Sacks, Harvey, Emanuel A. Schegloff & Gail Jefferson. 1974. A simplest systematics for the organization of turn-taking for conversation. In: *Language* 50 (4), 696 - 735.

Schiffrin, D. 1994. *Approaches to Discourse.* Chicago: University of Chicago Press.

Soffer, O. 2012. Liquid language? On the personalization of discourse in the digital era. *New Media & Society* 14, 7: 1092 - 1110.

Squires, L. 2010. Enregistering internet language. *Language in Society* 39, 4: 457 - 492.

Tannen, D. 1984. *Conversational Style: Analysing Talk among Friends.* Norwood, NJ: Ablex.

Taylor, D. 1951. Sex and gender in central American carib. *International Journal of American Linguistics*, 17.

Titscher, Stefan, Michael Meyer, Ruth Wodak, and Eva Vetter. 2000. *Methods of Text and Discourse Analysis.* London: Sage.

Tracy, K. 2002. *Everyday Talk: Building and Reflecting Identities.* New York: Guilford Press.

van Dijk, Teun. A. 1997. *Discourse as Structure and Process*, Vols. 1 and 2. London: Sage.

van Dijk, Teun. A. 1985. Introduction : Discourse analysis as a new cross-discipline. In van Dijk, ed., *Handbook of Discourse Analysis*, Vol. 1. London: Academic Press. pp. 1 - 9.

Wodak, Ruth and Paul Chilton, eds., 2005. *A New Agenda in (Critical) Dis-*

course Analysis. Amsterdam: John Benjamins.

Wardhaugh, R. 2000. *An Introduction to Sociolinguistics*. Beijing: Foreign Language Teaching and Research Press.

Weber, Max. 1991 [1922]. The nature of social action. In Walter G. Runciman, ed., Weber: *Selections in Translation*. Cambridge: Cambridge University Press. pp. 7 -35.

Weil, Henri. 1844. *De lbrdre des mots dans les langues anciennes compareesaux langues modems*. Paris: Joubcrt.

Weil, Henri. 1887. *The Order of Words in the Ancient Languages Compared with that of the Modern Languages*. Boston: Ginn.

Yates, S. 1996. Oral and written linguistic aspects of computer conferencing. In S. Herring ed., *Computer-mediated Communication: Linguistic, Social and Cross-cultural Perspectives*. Amsterdam and Philadelphia: John Benjamins, pp. 29 -46.

Zimmerman, D. H. 1998. Identity context and interaction. In Antaki, C. and W. Sue. eds., *Identities in Talk*. London: Sage, pp. 87 -106.

安志伟，2012，《网络语言的多角度研究》，山西人民出版社。

陈平，1991［1987］，汉语零形回指的话语分析，《现代语言学研究：理论·方法与事实》，重庆出版社，第181—209页。

陈平，2015，从现代语言学经典论著看语言学论文的写作与发表，《当代修辞学》第6期，第1—22页。

陈平，2022，《称名还是道姓？——汉语和英语专名指称功能的对比分析》，《当代修辞学》第5期，第1—21页。

陈新仁，2013，《语用身份：动态选择与话语建构》，《外语学科》第4期，第27—32页。

陈序，2014，《主编死了：没有主编才是新媒体》，中信出版社。

邓骏捷，2000，《语体分类新论》，《修辞学习》第3期，第1—3页。

邓鹂鸣、肖亮、徐大双、陈秋劲、刘庆荣，2012，《国内语体研究回顾与思考》，《外语教学》第3期，第29—33页。

方梅，2000，《自然口语中弱化连词的话语标记功能》，《中国语文》第5期，第457—470页。

冯胜利，2011，《语体语法及其文学功能》，《当代修辞学》第4期，第1—13页。

顾晓鸣，2001，《网络文化和城市文化建设》，《探索与争鸣》第4期，第1—6页。

郭锐，2002，《现代汉语词类研究》，商务印书馆。

郭松、田海龙，2011，《语境研究：从社会语言学到批评话语分析》，《外语学刊》第6期，第74—77页。

胡苏，2006，《程度副词修饰名词结构探析》，《连云港师范高等专科学校学报》第2期，第31—34页。

胡裕树主编，1995，《现代汉语》（重订本），上海教育出版社。

黄伯荣、廖旭东主编，2007，《现代汉语》（增订四版）（上、下册），高等教育出版社。

黄广芳、梁璐茜，2017，地域方言对谐音网络流行语形成的影响，《湖北工业大学学报》第6期，第104—108页。

季桂林，2004，《小小网名乾坤大》，《军事记者》第1期，第54—55页。

姜伟，2014，《“网络体”语体特点与传播规律的实证分析》，《中国媒体发展研究报告》年刊，第293—299页。

焦桓生、魏炜、刘雯，2013，《“根叔式”演讲对汉语规范的解构及对社会网络联系的建构》，《西安交通大学学报》（社会科学版）第5期，第70—75页。

教育部语言文字信息管理司组编，2015，《2014年中国语言生活状况》，《中国语言生活要况》，第1—9页。

金振邦，2005，《新媒体视野中的网络文学》，《东北师大学报》（哲学社会科学版）第5期，第121—126页。

劳伦斯·纽曼（W. Lawrence Neuman）、拉里·克罗伊格（Larry W. Kreuger）著，刘梦译，2008，《社会工作研究方法：质性和定量方法的应用》，中国人民大学出版社。原著：2003. *Social Work Research Methods: Qualitative and Quantitative Applications*. Boston, MA: Allyn & Bacon.

李钧，2011，《网络文学：新媒体革命与“新新文学运动”》，《济南大学学报》（社会科学版）第5期，第30—32页。

李熙宗，2005，《关于语体的定义问题》，《复旦学报》（社会科学版）第3期，第176—186、196页。

李宇明，2017，《跨学科视域下的语言研究及其方法》，《中国社会科学》第2期，第145—158页。

刘虹，1992，《话轮、非话轮和半话轮的区别》，《外语教学与研究》第3期。

刘向东，2015，《话语生态、自媒体与后现代——社会符号学视角》，《重庆工商大学学报》（社会科学版）第4期，第98—104页。

刘迎秋、马光彩，2014，《网络用名中的社会语言学现象——以广西大学雨无声网名为例》，《长春教育学院学报》第2期，第40—41页。

刘善涛，2013，《网络媒体中流行格式“X体”分析》，《克拉玛依学刊》第2期，第76—79页。

吕叔湘，1993［1942］，《中国文法要略》，《吕叔湘文集（1）》，商务印书馆。

吕叔湘，2002［1951］，《语法修辞讲话》，《吕叔湘全集》（第4卷），辽宁教育出版社，第1—399页。

吕叔湘，2002［1979］，《汉语语法分析问题》，《吕叔湘全集》（第2卷），辽宁教育出版社，第464—551页。

吕叔湘译，2002［1979］，《汉语的口语语法》，《吕叔湘全集》（第18卷），辽宁教育出版社，第1—360页。

马春燕，2014，《再论“话轮”的判断标准》，《语言教学与研究》第1期，第97—104页。

毛浩然、徐赳赳、娄开阳，2018，《话语研究的方法论和研究方法》，《当代语言学》第2期，第284—299页。

毛延生，2010，《变异与认同：网名的社会语用研究》，《语言文字应用》第4期，第34—40页。

宁天舒，2003，《互联网即时性交际的语篇特点——对网上英语聊天室的会话分析》，《深圳职业技术学院学报》第2期。

屈承熹著，潘文国等译，2006，《汉语篇章语法》，北京语言大学出版社。原著：1998，*A Discourse Grammar of Mandarin Chinese*. New York：Peter Lang Publishing，Inc.

沈瑛，2014，《新媒体语言中的语码混用现象探究》，《现代语文》第 11 期，第 121—123 页。

苏金智，2016，《网络语言研究的社会语言学意义》，《汉语文字》第 5 期，第 18—21 页。

苏培成，2010，《标点符号实用手册》（增订本），外语教学与研究出版社。

汤玫英，2010，《网络语言新探》，河南人民出版社。

王明漩，2018，《“斗图”：移动终端时代的人际交流——以微信聊天为例》，硕士学位论文，上海社会科学院。

王仕民、丁存霞，2017，《自媒体视域下的主流意识形态认同》，《湖北社会科学》第 2 期，第 11—16 页。

王晓真，2018，《语言变化规律与生物进化类似》，《中国社会科学报》3 月 9 日。

王丕承，2009，《汉语口语教材中陌生人之间会话开头分析》，《社会科学家》第 3 期，第 151—153 页。

温远鹤，2001，《浅谈网络言语行为的道德失范问题》，《广州大学学报（综合版）》第 10 期，第 72—75 页。

吴东英、李朝渊、冯捷蕴，2016，《新媒体的社会语言学研究：回顾与展望》，《当代语言学》第 4 期，第 514—531 页。

吴薇薇，2009，《网络语言“返祖”现象探析》，《四川理工学院学报》（社会科学版）第 2 期，第 95 页。

武小军，2006，《网名成因的社会语言学阐释》，《求索》第 11 期，第 191—192、117 页。

肖敏勤，2014，《浅析汉语新媒体语言暴力成因》，《现代语文》第 7 期，第 150—151 页。

许建涛，2013，《浅析微信对 QQ 的继承与发展》，《新闻世界》第 6 期，第 133—134 页。

徐赳赳，1996，《篇章中的段落分析》，《中国语文》第 2 期，第 81—91 页。

徐赳赳，2003，《小句的概念和小句的划分》，《语言学：中国与世界同步》（钱军主编），外研社，第 231—247 页。

徐赳赳，2005，《van Dijk 的语言观》，《外语教学与研究》第 5 期，第 358—361 页。

徐赳赳，2010，《现代汉语篇章语言学》，商务印书馆。

徐赳赳，2018，《现代汉语互文研究》，北京师范大学出版社。

徐赳赳、许家金，2009，《网上实时聊天的篇章分析》，《汉语的形式和功能研究》（程工、刘丹青主编），第 373—393 页。

徐莹，2006，《对网络语言应持宽容态度》，《金华晚报》9 月 14 日。

姚剑鹏，2008，《对会话自我修补的研究》，《当代语言学》第 2 期，第 147—157 页。

叶捷思，2009，《浅论“自媒体”的法律规制》，《法制研究》第 11 期，第 87—90 页。

尹斌庸、方世增，1994，《词频统计的新概念和新方法》，《语言文字应用》第 2 期，第 69—75 页。

于根元主编，2001，《网络语言概说》，中国经济出版社。

袁周敏，2016，《社会语言学视角下的身份研究》，《外语学刊》第 5 期，第 54—58 页。

杨正塘，2016，《QQ 与微信的功能及用户体验比较分析》，《中国新通信》第 4 期，第 10—11 页。

刘虹，2004，《会话结构分析》，北京大学出版社。

邱乐乐，2011，《言语交际中话语关系的建立和保持》，硕士学位论文，吉林大学。

易保树，2010，《会话内容、语体和亲疏关系》，《文教资料》6 月号上旬刊，第 23—27 页。

曾慧，2007，《“新新人类”网名所体现的多元化特征》，《湖北广播电视大学学报》第 1 期，第 116—117 页。

张谊生，2000，《现代汉语副词研究》，学林出版社。

张玉玲，2008，《网络语言的语体学研究》，博士学位论文，复旦大学。

张挺、武超，2017，《自媒体视域下的语言舆情：形成、传播与引导》，《语言文字应用》第 1 期，第 52—60 页。

张颖炜，2015，《新媒体视野下网络语言的语体特征》，《江苏社会科学》第 4 期，第 210—216 页。

张立新，2011，《反语的社会认知平衡模式》，《外语研究》第 4 期，第 30—35 页。

张云辉，2010，《网络语言语法与语用研究》，学林出版社。

赵雪、路越，2013，《新媒体语言探索》，中国戏剧出版社。

朱韦巍、刘冬冰，2013，《浅析方言对谐音网络词的影响》，《文教资料》第 2 期，第 30—31 页。

祝华新，2015，《透过网络语文触摸民意脉搏》，《中国语言资源动态》第 2 期，第 6—7 页。

左岩，1996，《英语会话中沉默的研究》，《国外语言学》第 2 期，第 13—21 页。

后　记

从语言学的角度来系统研究网络语言的想法，始于遇见了党建武教授及其团队，他主持的“973”项目（“互联网环境中文言语信息处理与深度计算的基础理论和方法”）邀请了我参与，作为该项目的子项目成员，全程参与了这个课题的研究，在研究过程中，我将网聊话语的研究跟其应用结合起来，如网络环境管理、社会治理、教学等议题。

本书从资料收集、分析，草稿到定稿，经历了 5 年多的时间，这期间得到了很多专家同行的支持。

首先要感谢党建武教授为首席科学家的“973”项目团队的全方位支持，没有这个团队的支持，就没有撰写本书的想法和思路。

感谢中国社会科学院语言研究所的领导和同事：沈家煊研究员、蔡文兰书记、刘丹青研究员、张伯江研究员、陈文学书记、李爱军研究员、白晓丽副所长、顾曰国研究员、胡建华研究员、完权研究员、林连通研究员、张洁副研究员、王伟副研究员、钱有用副研究员、张小倩博士、彭馨葭博士、张永伟副研究员、张骅处长、张云华处长、张丽娟老师、薛向阳老师、于颖老师，感谢他们在本书写作过程中提供的各种便利和帮助。

感谢浙江师范大学蒋国俊教授、郑孟状教授、张先亮教授、张涌泉教授、陈青松教授、徐静静老师、张英萍老师、许春老师给予的各种帮助。

感谢祝克懿教授、朱祖德教授、余光武教授、李大勤教授、苏金智教授、毛浩然教授、娄开阳教授、宫齐教授、姜望琪教授、钱军教授、罗自群教授、王秀丽教授多年来给予的学术上的支持。

感谢陈平教授几十年来一直对我研究的鼓励和指导，可以说，我所有的科研成果都包含着陈平教授的辛劳。还要感谢陈老师为本书作序。

感谢顾曰国研究员、李爱军研究员推荐本书出版。

感谢中国社会科学院离退休干部局出资支持出版本书。

感谢责任编辑张林编审为本书出版所付出的辛劳。

本项研究部分内容在《当代语言学》《当代修辞学》《福建师范大学学报》刊登，特此致谢。

最后我要感谢我的太太刘梦、女儿徐梦加、女婿胡亮羿，家人的支持一直是我从事语言研究的动力。

徐赳赳

2024 年 4 月 6 日

于北京望京花园